소소한 즐거움이 있는 핸드메이드

처음 만드는 어린이 소품

처음 만드는 어린이 소품

1판 1쇄 인쇄 2012년 5월 25일
1판 1쇄 발행 2012년 5월 31일

지은이 _ 사카이 미나코 등
옮긴이 _ 김수연
펴낸이 _ 정원정, 김자영
편집 _ 홍현숙
디자인 _ 김민정

펴낸곳 _ 즐거운상상
주소 _ 서울시 용산구 문배동 7-6 이안1차 102동 오피스 1003호
전화 _ 02-706-9452 팩스 _ 02-706-9458 / 전자우편 _ happywitches@naver.com
출판등록 _ 2001년 5월 7일
인쇄 _ 백산하이테크

ISBN 978-89-92109-91-8
ISBN 978-89-92109-69-7(세트)

소소한 즐거움이 있는 핸드메이드

처음 만드는 어린이 소품

my first diy kids projects

A to Z

즐거운상상

prologue

어린이 소품을 처음 만들어보는 이들을 위한 책입니다.
초보자를 위해 풍부한 사진, 친절한 일러스트로 쉽게 설명했고 실물 크기의 도안도 담았습니다.
아이와 함께 원단을 고르고 아이를 위해 한땀 한땀 바느질하다 보면
세상에 하나뿐인 멋진 가방과 소품을 만들 수 있어요.
만드는 방법도 간단해서 한나절이면 쉽게 완성할 수 있을 거예요.
사랑하는 아이가 어린이집이나 유치원에 처음 갈 때, 초등학교에 입학할 때
의미 있고 쓰임새도 많은 귀여운 선물을 준비해보세요.

contents

Part 1

등원 · 등교 소품

Lesson 1

퀼팅원단으로
등 원 · 등교 소품
만들기

>>

17

자동차 토트백
& 신발 주머니

17

병아리 신발 주머니
& 토트백

24

꽃 아플리케 토트백
& 신발 주머니

24

스마일 아플리케 토트백
& 신발 주머니

28

리틀 베어 토트백
& 신발 주머니

28

타탄 체크 토트백
& 신발 주머니

Lesson 2

안감이 들어간
소품 만들기

>>

33

중장비 와펜 토트백 세트

32

고양이 와펜 토트백 세트

42

고양이 아플리케 세트

43

자동차 아플리케 세트

49

코끼리 자수 신발 주머니
& 스트링 파우치 & 토트백

53

토끼 자수 스트링 파우치
& 토트백 & 신발 주머니

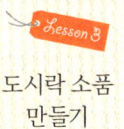

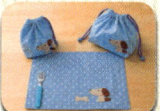

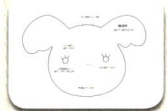

필요한 기본 재료

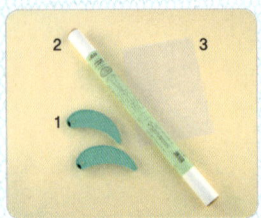

1. 문진(패브릭 문진)
실물크기 패턴이나 도안을 옮길 때, 종이가 움직이지 않도록 고정시킬 때 사용합니다.

2. 부직포 패턴지(롤 타입)
도안을 보고 패턴을 만들거나, 실물크기 패턴이나 도안을 옮길 때 사용합니다.

3. 트레이싱 페이퍼
아래에 있는 것이 잘 비치기 때문에 도안 등을 옮길 때 사용합니다.

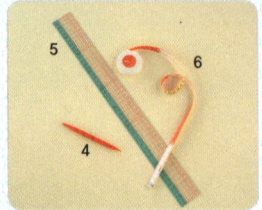

4. 철필
도안을 옮길 때 사용하는 초크페이퍼용 철필입니다.

5. 방안자(50cm)
직선을 그을 때 사용합니다. 방안선이 표시되어 있어서 시접을 평행하게 그려 넣기 쉬운 자입니다.

6. 줄자(자동줄자 1.5m)
치수를 잴 때 사용합니다. 10cm마다 다른 색으로 눈금이 표시되어 있어 편리합니다.

7. 초크페이퍼(수성 초크페이퍼−분홍·파랑)

8. 초크페이퍼(수성 단면 초크페이퍼−이레이저펜 포함)
원단에 패턴을 그리거나 치수를 표시할 때 소프트룰렛과 함께 사용합니다. 물로 지울 수 있는 수성 타입이 편리해요.

9. 수성 펜초크(이레이저펜 포함)
원단에 표시를 할 때 사용하는 마커 타입의 펜초크입니다. 전용 이레이저펜이나 물로 간단하게 지울 수 있습니다.

10. 수성 연필초크
원단에 표시를 할 때 사용하는 연필 타입의 초크입니다. 물을 적신 원단으로 닦아낼 수 있습니다.

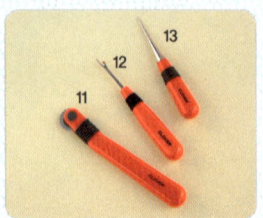

11. 소프트룰렛
초크페이퍼를 사용하여 원단에 표시를 할 때 사용합니다.

12. 실뜯개
바늘땀을 뜯거나 실을 자를 때 사용합니다.

13. 송곳
가방이나 파우치 바닥의 모서리 부분을 정리하거나 실을 뜰 때 사용합니다.

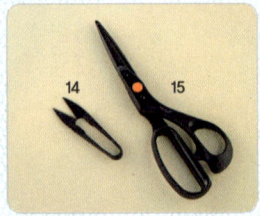

14. 쪽가위
실을 자를 때 사용합니다.

15. 재단가위
원단을 자를 때 사용합니다.

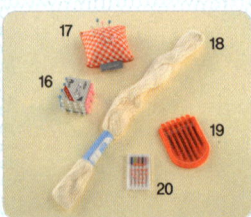

16. 시침핀
원단과 원단, 패턴과 원단이 어긋나지 않도록 고정하는, 구슬이 달린 바늘입니다.

17. 핀쿠션
바늘이나 시침핀을 꽂아두었다가 필요할 때 바로 사용하면 편리합니다.

18. 시침실
재봉틀로 박기 전에, 가봉할 때 사용하는 실입니다.

19. 재봉바늘
원단을 손바느질로 꿰맬 때 사용합니다.

20. 재봉틀용 바늘
재봉틀 전용 바늘입니다. 원단의 두께에 따라 바늘의 굵기를 바꿔서 사용하세요. 숫자가 클수록 바늘이 굵어집니다. 각종 가방이나 파우치를 만들 때는 11번이나 14번 바늘을 사용하세요.

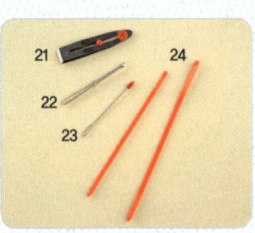

21. 고무줄 끼우개(폭 넓은 타입)
테이프나 폭이 넓은(15mm 이상) 고무밴드를 끼울 때 사용합니다.

22. 고무줄 끼우개(가위식)
고무밴드나 끈의 끝부분을 끼워서 사용하는 타입입니다.

23. 고무줄 끼우개
고무밴드나 끈의 끝부분을 고리에 묶어서 사용하는 타입입니다.

24. 고무줄 끼우개 스피드 고무줄 끼우개 (장·단 2개 세트)
플라스틱 소재로 된, 길고 부드러운 고무줄 끼우개입니다. 길이가 길거나 곡선이 있는 부분에 고무밴드나 끈을 끼울 때 편리합니다.

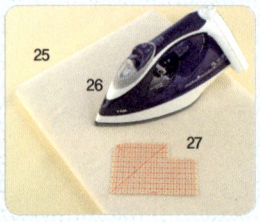

25. 다리미판
다림질을 할 때 원단 아래에 놓고 사용합니다.

26. 다리미
원단의 구김을 펴거나 시접을 접을 때 사용합니다.

27. 시접자
시접을 다리미로 접을 때 사용합니다.

있으면 편리한 용구

1. 올풀림 방지액
원단이나 웨이빙끈 등에 바르면 올풀림을 막을 수 있습니다. 가방용 웨이빙끈의 절단면에 발라서 건조시킵니다.

2. 패브릭 본드
펠트 아플리케에 사용하면 편리합니다. 본드가 잘 스며들지 않아서 유연하게 마무리할 수 있습니다.

3. 컷워크 가위
날이 날카로운 가위입니다. 아플리케를 재단할 때 세세한 부분을 자르는 데 편리합니다.

기본 원단 소재

기본적으로는 면 소재 원단을 사용합니다. 토트백이나 유치원 가방과 같이 손잡이나 어깨끈이 달려 있는 가방에는 퀼팅원단이나 두꺼운 코튼 원단 등을 사용하는 것이 좋습니다. 일반 코튼 원단으로 만들 경우에는 원단의 안쪽에 접착심을 붙여서 보강하세요. 스트링 파우치나 미술 가운, 앞치마에는 얇은 코튼 원단을 사용하는 것이 가장 좋습니다. 몸판 안감은 겉몸판의 보강과 시접을 숨기는 용도로 사용합니다. 따로 정해진 원단은 없으나, 얇은 코튼 원단을 안감으로 사용하는 것이 좋아요. 원단은 아이와 함께 골라보세요.

퀼팅 원단	두꺼운 코튼 원단	일반 코튼 원단	일반 코튼 원단	얇은 코튼 원단	얇은 코튼 원단
					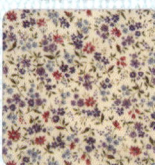
리넨 퀼팅	데님	옥스퍼드 프린트원단	스트라이프 데님	깅엄체크	브로드 프린트

원단 재단법과 표시하는 방법

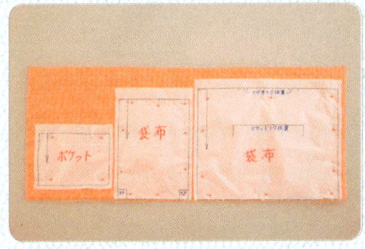

1 시접이 포함된 패턴을 준비합니다. 만드는 방법 페이지의 재단배치도와 같이 원단을 접습니다. 패턴을 배치한 다음, 시침핀으로 고정합니다. 이 때 패턴의 화살표(식서방향)와 원단의 양쪽 가장자리를 평행하게 맞춰줍니다.

2 패턴의 시접선을 따라 펜초크로 표시해줍니다. 각 패턴을 잘라냅니다.

3 시접이 포함된 패턴을 준비합니다. 만드는 방법 페이지의 재단배치도와 같이 원단을 접습니다. 패턴을 배치한 다음, 시침핀으로 고정합니다. 이 때 패턴의 화살표(식서방향)와 원단의 양쪽 가장자리를 평행하게 맞춰줍니다.

재봉틀 사용법

사용 모델 : AISIN SP10

1 박음질을 시작하고자 하는 곳에 바늘을 꽂은 다음, 노루발을 내립니다. 1cm 정도 박은 후에 되돌아박기를 한 다음, 계속해서 박아 나갑니다.

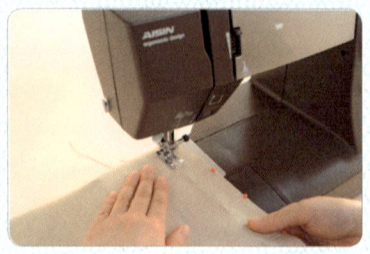

2 원단이 똑바로 나아갈 수 있도록 손으로 원단을 받쳐가면서 박아줍니다. 시침핀을 빼가면서 박음질해 주세요. 박음질을 끝낼 때도 반드시 되돌아박기를 해줍니다.

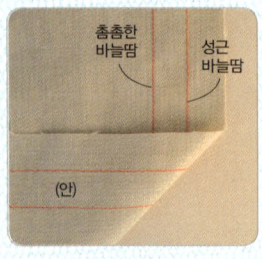

올바른 직선 박기를 위한 실 장력 조절하기 _ 박음질하기 전에, 실제로 박음질할 원단을 사용하여 테스트합니다. 윗실과 밑실의 장력이 같으면서 깔끔한 바늘땀이 생기도록 '윗실 장력 다이얼'을 맞춰주세요.

지그재그 처리 _ 이 책은 지그재그 처리로 시접 가장자리의 올풀림을 방지했습니다. 재봉틀의 노루발을 '지그재그 노루발'로 바꾼 다음, 원단 가장자리에 가이드를 맞춰서 박음질해 줍니다. 실이 당겨지지 않도록 주의합니다.

아플리케 하는 방법

재료 및 도구
초크페이퍼, 부직포 패턴지, 펠트전용가위, 패브릭 본드, 펠트, 철필, 펜초크, 자수바늘, 25번 자수실

1 부직포 패턴지 등의 비치는 종이에 도안을 옮깁니다.

2 토대가 될 원단에 도안을 옮겨주세요. 원단에 도안을 시침핀으로 고정한 다음, 토대와 도안 사이에 초크페이퍼를 끼우고 도안 위를 철필로 옮겨 그립니다.

3 원단에 옮긴 도안.

4 도안을 다른 부직포 패턴지에 옮깁니다. 각 패턴을 따로 떨어지게 배치하여 사이를 띄워서 옮깁니다.

5 여백을 둔 상태로 패턴을 자릅니다. 펠트에 셀로판테이프로 패턴을 붙여줍니다.

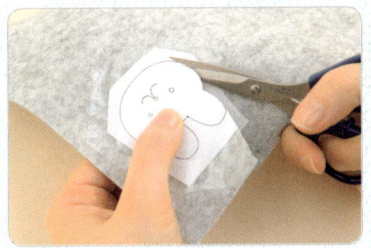

6 각 패턴대로 펠트를 자릅니다.

7 모든 패턴을 잘라줍니다. ②와 같은 방법으로 초크페이퍼를 사용하여 눈과 귀의 자수 부분을 베낍니다.

8 눈과 코를 수놓은 다음, 귀의 안쪽을 자수실 2가닥의 '공그르기'로 달아줍니다. 얼굴 완성.

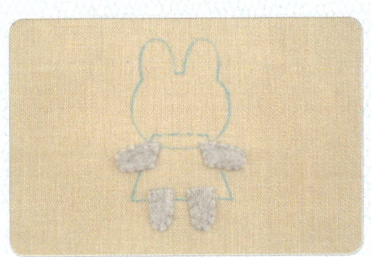

9 원단에 도안의 아래 부분부터 공그르기로 달아줍니다. 먼저 손과 발을 달아주세요.

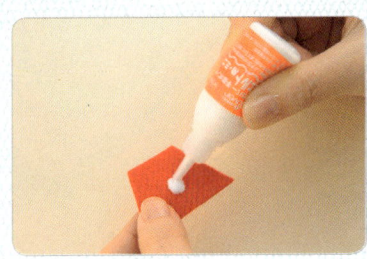

10 커다란 부분은 움직이지 않도록 패브릭 본드로 임시 고정합니다.

11 고정한 모습.

12 몸통 둘레를 자수실 2가닥으로 '공그르기' 하여 붙입니다.

13 얼굴을 '공그르기'해서 붙입니다. 완성.

🍒 알아두면 좋아요

원단 올 바로잡기

리넨은 만들기 도중 다림질로도 줄어들 만큼 수축하기 쉬운 소재입니다. 또한 원단은 소재에 따라 세탁 후 줄어드는 방향도 다르기 때문에, 만들기 전에 반드시 원단의 올을 바로잡아주어야 합니다.

:: 원단 올 바로잡는 방법

프린트 원단 등은 원단 끝부분에 물을 적셔서 물이 스며드는지 시험해본다

물

충분한 양의 물에 원단을 담갔다가 1시간 정도 후에 건져서 물기를 살짝 짜준다

130°
150°

:: 올 방향 정리하는 방법

가로올(씨실)을 빼낸다

씨실에 맞춰서 날실을 자른다

자른다

비뚤어진 원단이 올바른 상태가 될 때까지, 바로잡고 싶은 방향으로 원단을 잡아당긴다

다림질을 해서 올 방향을 바로잡는다

책상

올방향(안) 세로올 방향

원단

올 방향에 맞춰서 다림질을 한다

접착심 붙이는 방법

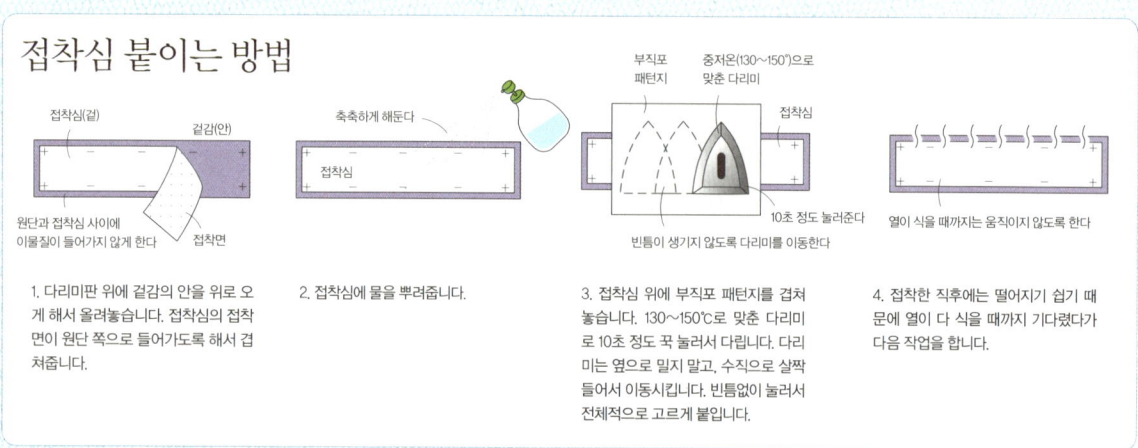

접착심(겉) 겉감(안)
원단과 접착심 사이에 이물질이 들어가지 않게 한다 접착면

축축하게 해둔다
접착심

부직포 패턴지 중저온(130~150°)으로 맞춘 다리미 접착심
빈틈이 생기지 않도록 다리미를 이동한다 10초 정도 눌러준다

열이 식을 때까지는 움직이지 않도록 한다

1. 다리미판 위에 겉감의 안을 위로 오게 해서 올려놓습니다. 접착심의 접착면이 원단 쪽으로 들어가도록 해서 겹쳐줍니다.

2. 접착심에 물을 뿌려줍니다.

3. 접착심 위에 부직포 패턴지를 겹쳐 놓습니다. 130~150℃로 맞춘 다리미로 10초 정도 꾹 눌러서 다립니다. 다리미는 옆으로 밀지 말고, 수직으로 살짝 들어서 이동시킵니다. 빈틈없이 눌러서 전체적으로 고르게 붙입니다.

4. 접착한 직후에는 떨어지기 쉽기 때문에 열이 다 식을 때까지 기다렸다가 다음 작업을 합니다.

퀼팅 소재 다루는 법

:: 다림질하기

퀼팅된 부분은 주름이 생기기 쉬우므로 올 방향에 맞춰서, 세로와 가로로 다리미를 움직여서 올 방향을 정리합니다.

가볍게 접힌 자국을 펴주는 느낌으로, 다리미 온도를 표시에 맞추어 다린다.

다리미를 세게 누르거나 질질 끌게 되면, 주름이 생기기 쉽고 자국이 남는 경우도 있으므로 주의한다.

:: 원단 재단방법

원단 두 장이 어긋나지 않도록 시침핀으로 고정해두면, 원단을 겹쳤을 때도 안심할 수 있습니다.

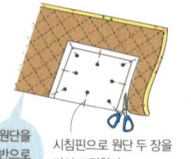

원단을 반으로 접는다

시침핀으로 원단 두 장을 떠서 고정한다.

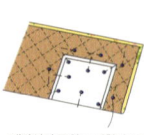

재단선의 주위도 시침핀으로 고정해두면 원단을 자를 때 어긋나지 않는다.

:: 재봉틀

원단 두 장을 박을 때는 양손으로 확실히 누른 상태에서 약간 잡아당기는 느낌으로 박음질합니다.

재봉틀용 바늘…11·14번
바늘땀…약 2.5mm(약간 성글게)
실…60번 재봉실

(안)

약간 잡아당기는 느낌으로

물건 사이즈 측정하는 방법과 파우치 사이즈 정하는 방법

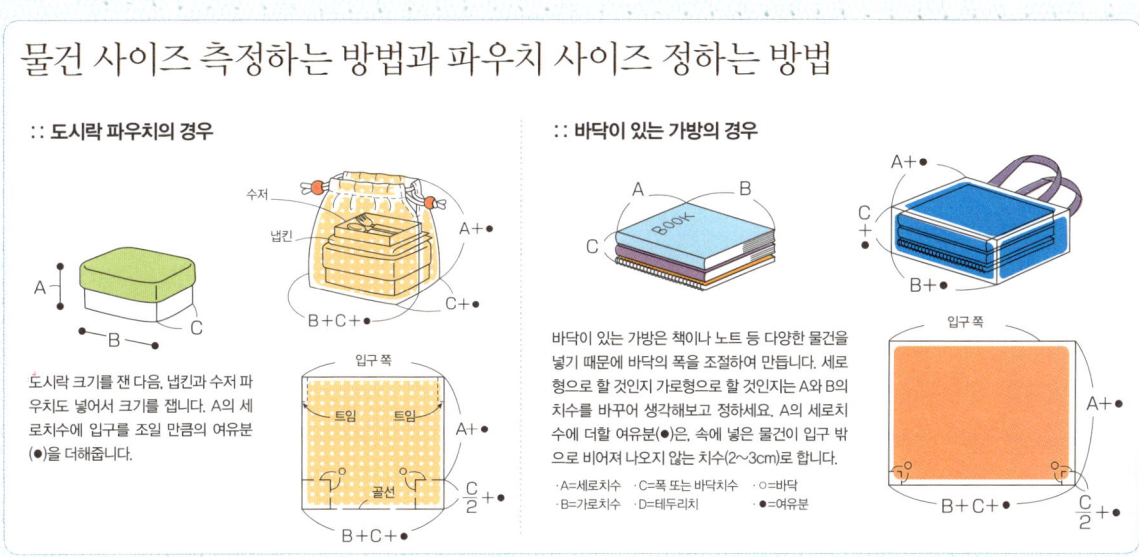

:: 도시락 파우치의 경우

도시락 크기를 잰 다음, 냅킨과 수저 파우치도 넣어서 크기를 잽니다. A의 세로치수에 입구를 조일 만큼의 여유분(●)을 더해줍니다.

:: 바닥이 있는 가방의 경우

바닥이 있는 가방은 책이나 노트 등 다양한 물건을 넣기 때문에 바닥의 폭을 조절하여 만듭니다. 세로형으로 할 것인지 가로형으로 할 것인지는 A와 B의 치수를 바꾸어 생각해보고 정하세요. A의 세로치수에 더할 여유분(●)은, 속에 넣은 물건이 입구 밖으로 비어져 나오지 않는 치수(2~3cm)로 합니다.

·A=세로치수 ·C=폭 또는 바닥치수 ·O=바닥
·B=가로치수 ·D=테두리치   ·●=여유분

스티치 하는 방법

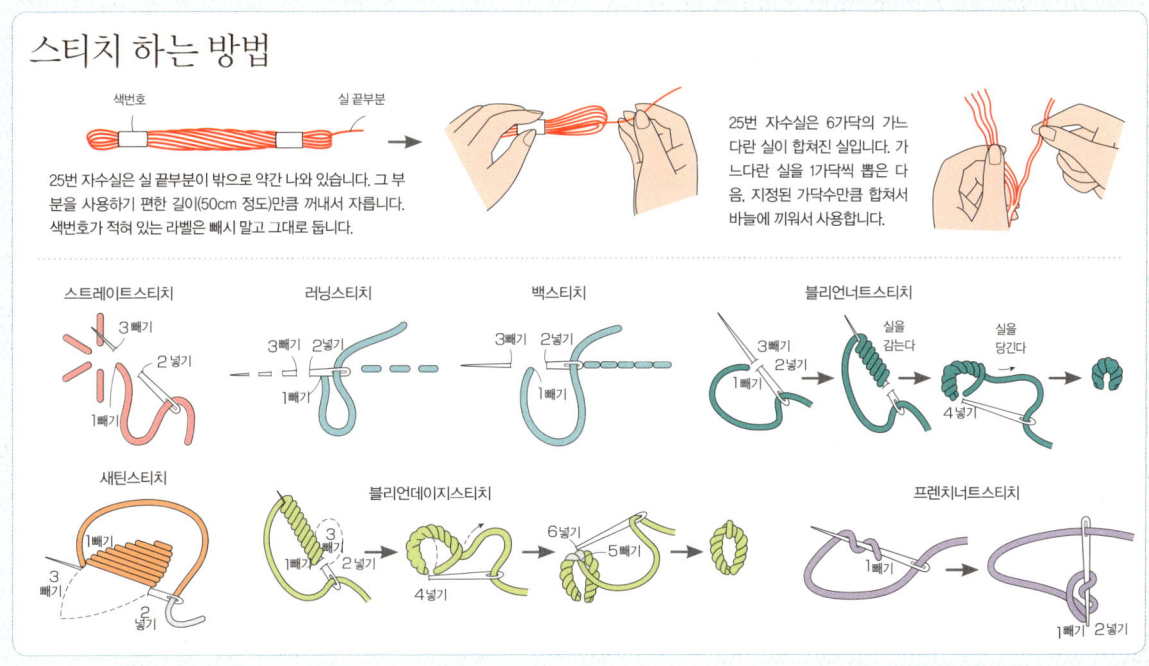

25번 자수실은 실 끝부분이 밖으로 약간 나와 있습니다. 그 부분을 사용하기 편한 길이(50cm 정도)만큼 꺼내서 자릅니다. 색번호가 적혀 있는 라벨은 빼지 말고 그대로 둡니다.

25번 자수실은 6가닥의 가느다란 실이 합쳐진 실입니다. 가느다란 실을 1가닥씩 뽑은 다음, 지정된 가닥수만큼 합쳐서 바늘에 끼워서 사용합니다.

아플리케 하는 방법

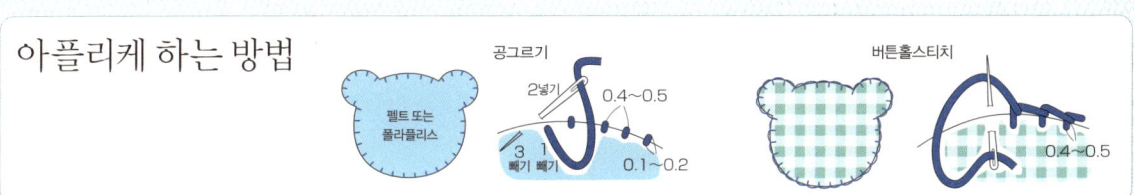

Part 1

등원·등교 소품

토트백 · 신발 주머니 · 스트링 파우치
유치원이나 학교에 갈 때 필요한 토트백과 신발 주머니는 아이에게 꼭 만들어주고 싶은 아이템이에요.
아이와 함께 마음에 드는 원단을 고르다보면 새로운 생활에 대한 꿈과 기대가 더욱 부풀어 오를 거예요.

토트백 & 신발 주머니

귀여운 프린트의 퀼팅원단을 사용한 토트백과 신발 주머니입니다.
토트백 앞에 커다란 주머니를 달아서 사용하기에 더욱 편리하답니다.

제작 _ 사카이 미나코

#02

#01

SCHOOL BUS

#03

#04

퀼팅원단으로 등원·등교 소품 만들기

퀼팅원단으로 안감 없이 '토트백·신발 주머니' 만드는 방법을 소개합니다.

:: 재료 준비하기

#01·02 세트로 만들 경우

겉감(도비 퀼팅) 90×70cm

컬러 웨이빙끈 2.5×104cm

벨크로 2.5×2.5cm

※ 도안은 부록 A면 1·2를 사용합니다.

:: 마름질하기

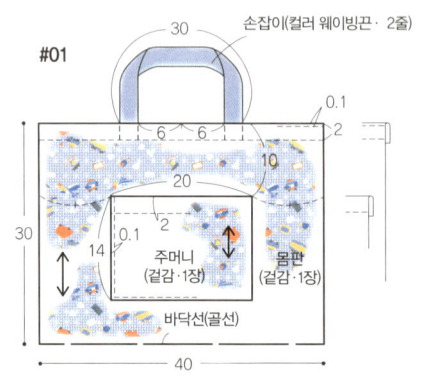

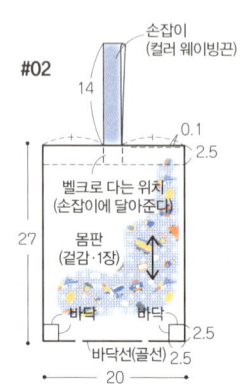

겉감의 재단배치도

:: 도안 만들기

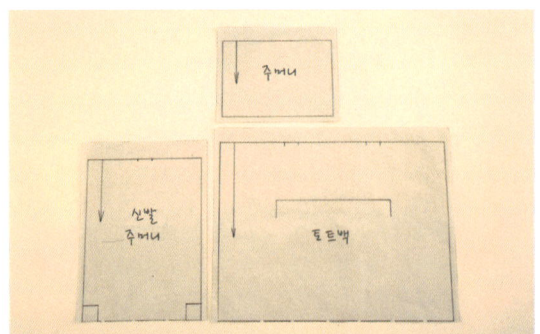

14페이지를 참고하여 부직포 패턴지 등 비치는 종이에 도안을 옮깁니다. 식서방향(화살표), 손잡이 다는 위치 등 필요한 기호도 빠짐없이 표시하세요. 재단배치도를 확인하여 지정된 시접을 테두리에 표시합니다.

:: 재단 및 기호 표시하기 & 테두리 처리하기

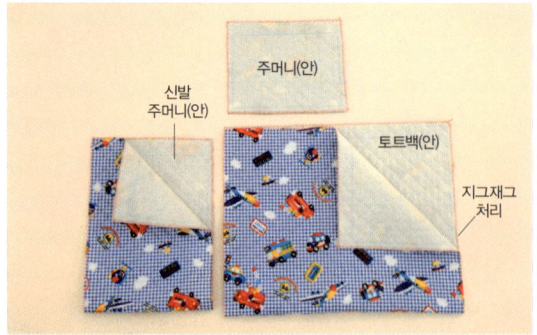

일러스트의 재단배치도를 따라 도안을 배치한 다음, 도안대로 원단을 재단합니다. 원단의 안쪽 면에 양면 초크페이퍼를 끼운 다음, 소프트룰렛을 사용하여 완성선과 필요한 기호를 옮겨줍니다. 모든 원단의 가장자리를 지그재그로 처리하여 올 풀림을 방지합니다.

:: 재료 준비하기

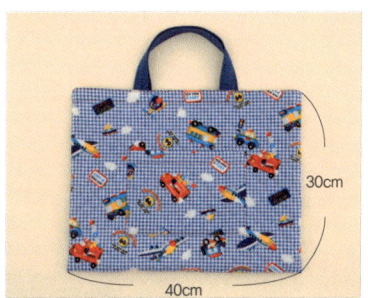

겉감(도비 퀼팅) 70×70cm
컬러 웨이빙끈 2.5×70cm

※ 도안은 부록 A면 1을 사용합니다.

❶ 주머니 만들기

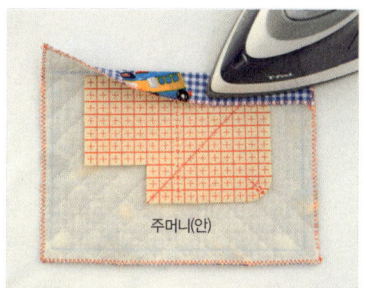

1 입구 쪽의 완성선 시접을 2.5cm 아래쪽으로 접어서 다려줍니다. 시접자를 이용하면 간편하게 다림질 할 수 있어요.

2 입구 쪽 시접을 시침핀으로 고정한 다음, 입구에서 2cm 아래쪽을 박음질합니다.

3 나머지 옆과 아래 시접들도 안쪽으로 접어서 다려줍니다.

4 몸판의 주머니 다는 위치에 주머니를 올려놓고 시침핀으로 고정합니다. 주머니의 입구를 제외한 둘레를 0.1cm 안쪽으로 박음질합니다.

❷ 손잡이 달기

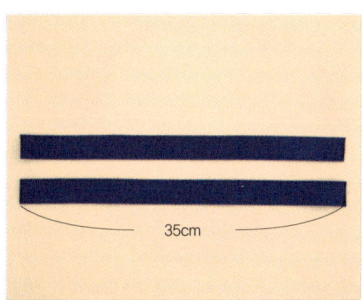

1 손잡이용 컬러 웨이빙끈을 35cm 길이로 2줄 자릅니다.

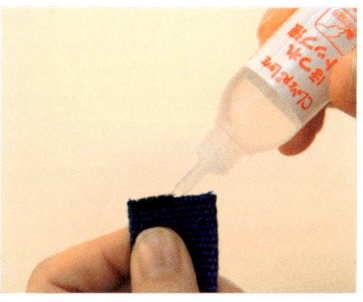

2 컬러 웨이빙끈의 양쪽 가장자리에 '올풀림 방지액'을 발라서 건조시켜 둡니다.

3 몸판 입구 쪽의 완성선 시접을 2.5cm 아래쪽으로 접어서 다려줍니다. 시접자를 이용하면 간편하게 다릴 수 있어요.

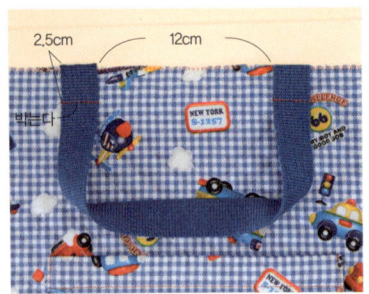

4 접었던 시접을 펴줍니다. 몸판의 시접 끝부분에 손잡이의 끝을 맞춰 올려놓고 2.5cm 간격을 두고 완성선(접었던 선 부분)을 박음질하여 손잡이를 달아줍니다.

❸ 옆선 박기

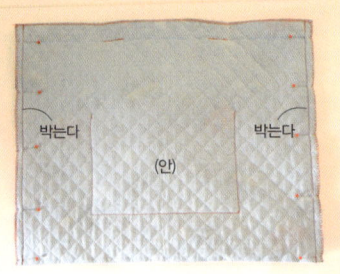

1 몸판의 겉면이 마주보도록 바닥선을 따라 몸판을 반으로 접어줍니다. 옆선을 시침핀으로 고정한 다음, 완성선을 따라 박음질합니다.

2 시접은 가름솔로 벌려 다려줍니다.

❹ 입구둘레 박기

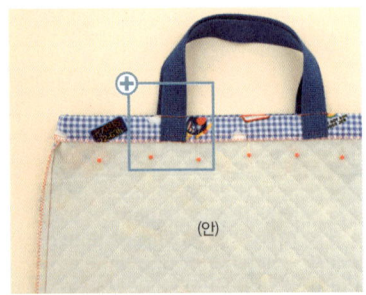

1 입구 쪽 시접을 접어서 다리미로 꼼꼼히 다려줍니다. 시침핀으로 고정한 다음, 위에서 2cm 간격을 두고 박음질합니다. 손잡이도 함께 박아주세요.

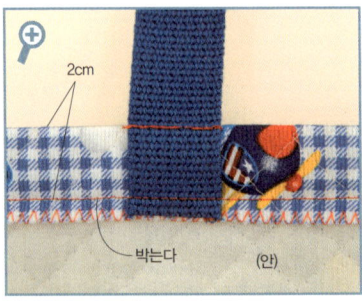

1-1 확대한 모습.

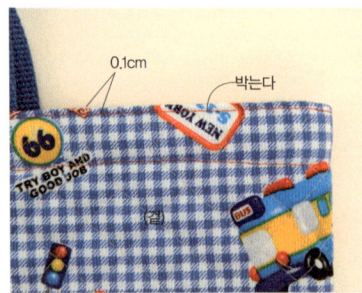

2 몸판을 겉으로 뒤집은 다음, 입구의 끝에서 0.1cm 안쪽을 상침합니다. 완성.

#02 자동차 신발 주머니

※ 바늘땀이 잘 보이도록 재봉실과 벨크로의 색을 바꾸어 사용했습니다. 실제로 만들 때는 원단에 어울리는 색을 사용하세요.

∷ 재료 준비하기

겉감(도비 퀼팅)
25×65cm
컬러 웨이빙끈
2.5×34cm
벨크로2®
2.5×2.5cm

※ 도안은 부록 A면 2를 사용합니다.

❶ 손잡이 만들기

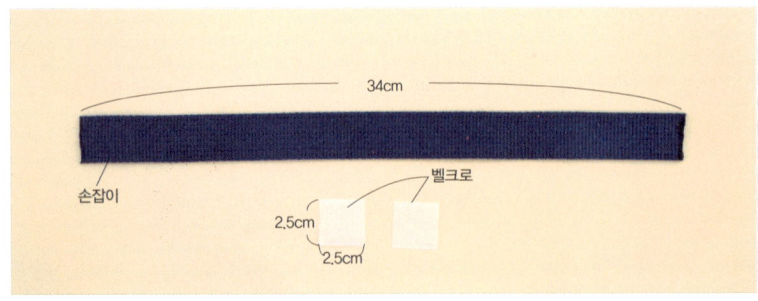

1 손잡이용 컬러 웨이빙끈을 34cm 길이로 자릅니다. 양쪽 가장자리에 '올풀림 방지액'을 발라서 건조시켜 둡니다. 벨크로를 2.5cm의 길이로 자릅니다.

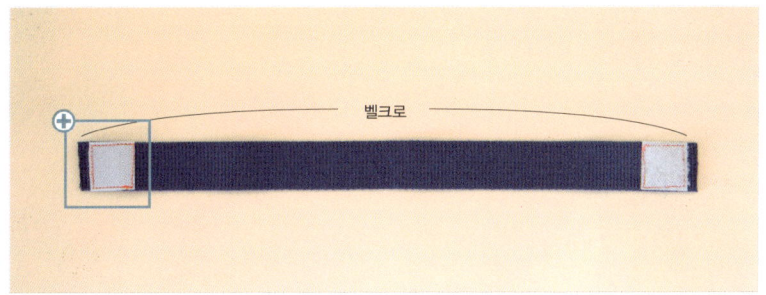

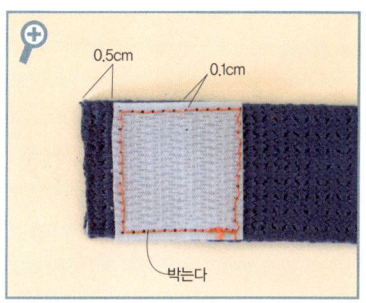

2 손잡이의 양쪽 끝에서 안쪽으로 0.5cm 들어간 부분에 벨크로를 올려놓고 박음질하여 달아줍니다.

2-1 확대한 모습.

❷ 손잡이 달기

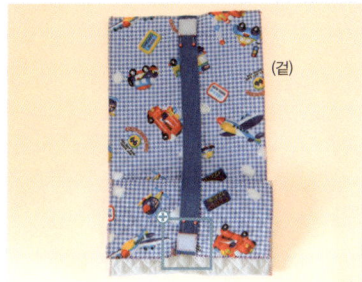

1 몸판 입구 쪽의 완성선 시접을 3cm 아래쪽으로 접어서 다려줍니다. 시접자를 이용하면 간편하게 다림질할 수 있어요.

2 몸판의 시접 끝부분에 손잡이(벨크로가 달린 쪽이 위로 오게 합니다)를 올려놓은 다음, 끝부분을 맞추어 시침핀으로 고정해줍니다.

2-1 끝에서 안쪽으로 3cm 들어간 완성선의 위(몸판의 접었던 선 부분과 손잡이에 달린 벨크로의 끝부분)를 박음질합니다.

❸ 옆선 박기

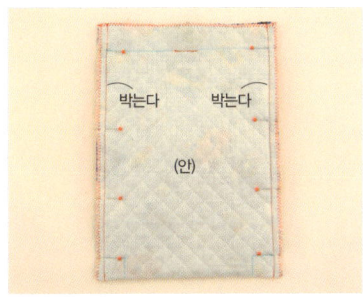

1 몸판의 겉면이 안쪽으로 들어가도록 바닥선을 따라 몸판을 반으로 접어줍니다. 옆선을 시침핀으로 고정한 다음, 완성선을 따라 박음질합니다.

2 시접은 가름솔로 벌려 다림질합니다.

❹ 바닥 만들기

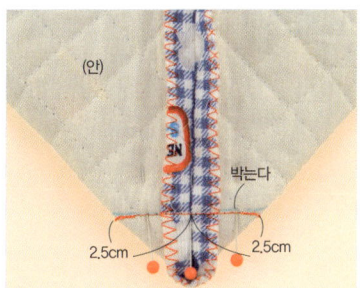

옆선과 바닥선을 맞댄 다음, 모서리를 삼각형으로 접습니다. 바닥에 표시한 안내선에 맞춰서 시침핀으로 고정한 다음, 박음질하여 바닥을 완성합니다.

❺ 입구둘레 박기

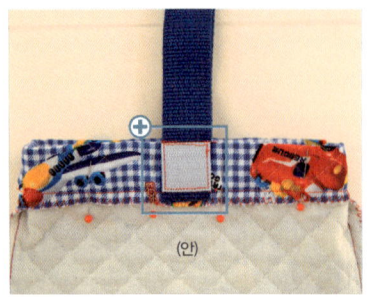

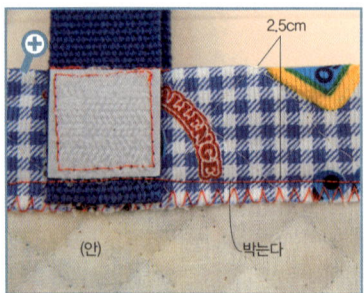

1 입구 쪽 시접을 접어서 다리미로 꼼꼼히 다려줍니다. 시침핀으로 고정한 다음, 끝에서 2.5cm 안쪽을 박음질합니다. 손잡이도 함께 박아주세요.

1-1 확대한 모습.

2 몸판을 겉으로 뒤집은 다음, 입구의 끝에서 0.1cm 안쪽을 상침합니다. 완성.

#03 · 04 병아리 신발 주머니 & 토트백

:: 재료 준비하기

#03 · 04의 재료
겉감(도비 퀼팅) 90×70cm
컬러 웨이빙끈 2.5×104cm
벨크로2® 2.5×2.5cm

※ 도안은 부록 A면 1·2를 사용합니다.

#03의 재료
겉감(도비 퀼팅) 25×65cm
컬러 웨이빙끈 2.5×34cm
벨크로2® 2.5×2.5cm

#04의 재료
겉감(도비 퀼팅) 70×70cm
컬러 웨이빙끈 2.5×70cm

:: 마름질하기

재단배치도와 만드는 방법은 18~21페이지 #01·02와 같습니다.

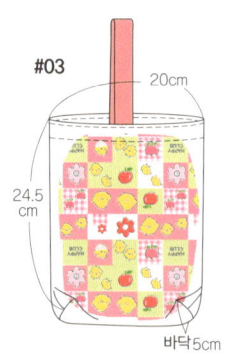

아플리케
토트백 & 신발 주머니

퀼팅원단으로 만든 심플한 토트백과 신발 주머니에 쉽게 만들 수 있는
아플리케와 독특한 단추 장식을 달아서 한눈에 자신의 물건이라는 것을
알 수 있도록 디자인해주었습니다.

제작 _ ARIGAERI studio~hana

#05·06 꽃 아플리케 토트백 & 신발 주머니

:: **재료 준비하기**

#05·06 세트로 만들 경우

겉감(깅엄체크 퀼팅) 70×70cm

단추 지름 1.8cm(빨간색) 2개

단추 지름 2cm(빨간색) 2개·(분홍색) 3개

컬러 웨이빙끈 2.5×104cm

벨크로 2.5×2.5cm

펠트(분홍색) 20×20cm 2장

펠트(노란색) 20×10cm

25번 자수실(분홍색·빨간색·노란색)

각 약간

※ 도안은 부록 A면 1·2를 사용합니다. #01의 주머니 패턴은 사용하지 않습니다. 실물크기의 아플리케 도안은 A면에 있습니다.

※ 아플리케는 앞쪽에 달아줍니다.

#05의 재료

겉감(깅엄체크 퀼팅) 45×70cm

단추 지름 1.8cm(빨간색) 2개

단추 지름 2cm(빨간색) 1개·(분홍색) 2개

컬러 웨이빙끈 2.5×70cm

펠트(분홍색) 20×20cm

펠트(노란색) 15×10cm

25번 자수실(분홍색·빨간색·노란색) 약간

#06의 재료

겉감(깅엄체크 퀼팅) 25×65cm

단추 지름 2cm(빨간색) 1개·(분홍색) 1개

컬러 웨이빙끈 2.5×34cm

벨크로 2.5×2.5cm

펠트(분홍색) 20×10cm

펠트(노란색) 10×10cm

25번 자수실(분홍색·빨간색·노란색) 약간

#05

30cm

40cm

:: **마름질하기**

재단배치도와 만드는 방법은 18~21페이지 #01·02와 동일합니다.

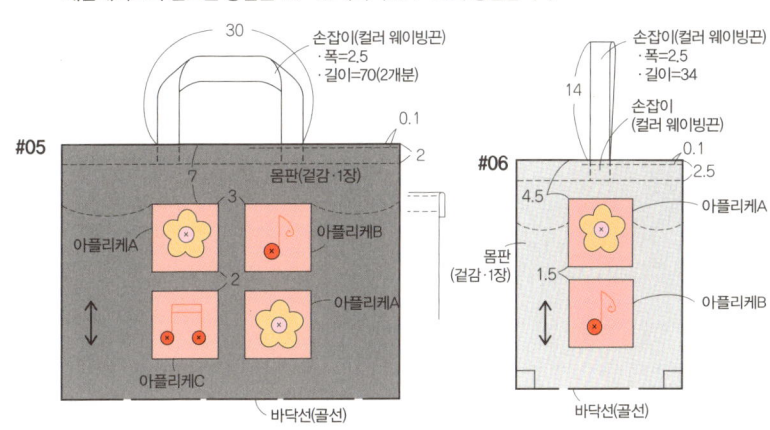

겉감의 재단배치도

:: **만드는 방법** ※ 자세한 방법은 18~21페이지 #01을 참고하세요.

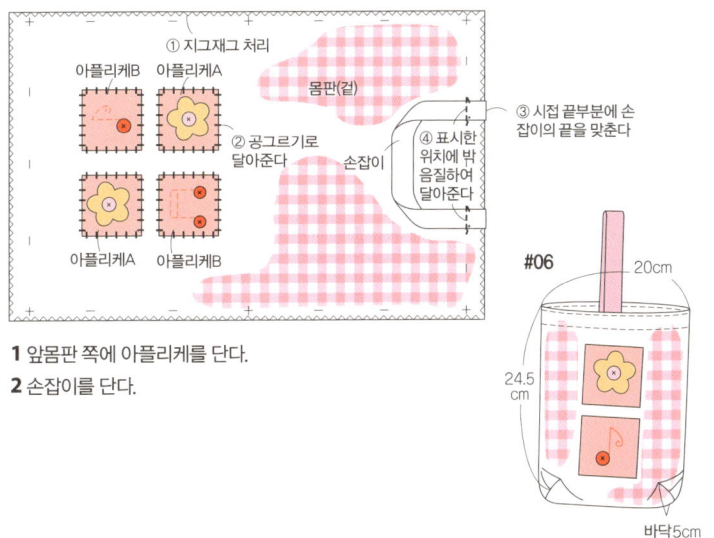

1 앞몸판 쪽에 아플리케를 단다.

2 손잡이를 단다.

#07·08 스마일 아플리케 토트백 & 신발 주머니

:: **재료 준비하기**

#07·08 세트로 만들 경우

겉감(브로드 퀼팅) 70×70cm

단추(검은색) 지름 2cm 6개

단추(갈색) 지름 1.4cm 6개

컬러 웨이빙끈 2.5×104cm

벨크로 2.5×2.5cm

펠트(노란색) 20×20cm 2장

펠트(빨간색) 20×5cm

25번 자수실(노란색·빨간색·파란색·검은색) 약간

※ 도안은 부록 A면 1·2를 사용합니다. #01의 주머니의 패턴은 사용하지 않습니다. 실물크기의 아플리케 도안은 A면에 있습니다.

※ 아플리케는 앞쪽에 달아줍니다. 먼저 아플리케를 달아주고 나서 가방을 만듭니다.

#07의 재료

겉감(브로드 퀼팅) 45×70cm

단추(검은색) 지름 2cm 4개

단추(갈색) 지름 1.4cm 4개

컬러 웨이빙끈 2.5×70cm

펠트(노란색) 20×20cm

펠트(빨간색) 15×5cm

25번 자수실(노란색·빨간색·파란색·검은색) 약간

#08의 재료

겉감(브로드 퀼팅) 25×65cm

단추(검은색) 지름 2cm 2개

단추(갈색) 지름 2cm 2개

컬러 웨이빙끈 2.5×34cm

벨크로 2.5×2.5cm

펠트(노란색) 20×10cm

펠트(빨간색) 10×5cm

25번 자수실(노란색·빨간색·파란색·검은색) 약간

:: **마름질하기**

재단배치도와 만드는 방법은 18~21페이지 #01·02와 동일합니다.

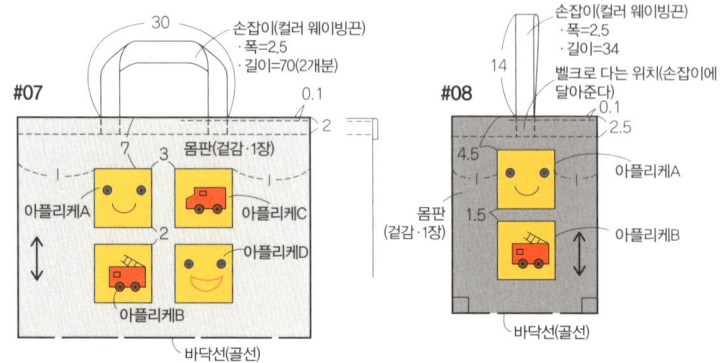

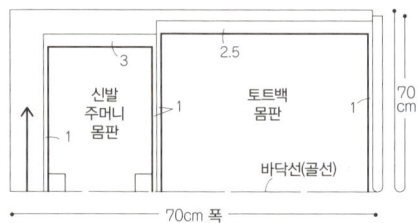

겉감의 재단배치도

:: **완성**

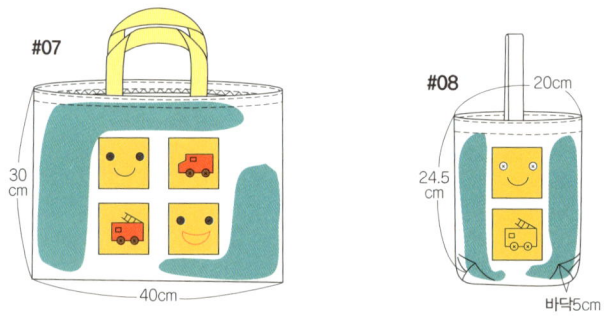

※ 만드는 방법은 18~21페이지를 참조하세요.

※ 아플리케는 공그르기(10~11페이지)로 달아줍니다.

바닥이 넓은
토트백 & 신발 주머니

가방 아래에 바닥을 만들어 수납공간이 넉넉한 가방을 만들었습니다. 준비물을 많이 담을 수 있어 좋고 가방 아랫부분에 진한 색 무지원단을 패치하여 쉽게 더러워지지 않아서 실용적입니다.

제작 _ 고모리 가쓰코

#09

#10

#11

#12

:: 재료 준비하기

#09·10 세트로 만들 경우

A원단(도비 퀼팅) 90×60cm
B원단(브로드 퀼팅) 70×20cm
컬러 웨이빙끈 2.5×104cm
벨크로 2.5×2.5cm

※ 도안은 들어있지 않습니다. 원단에 직접
그려서 재단하거나, 제도방법을 보고 도
안을 만드세요.

#09의 재료

A원단(도비 퀼팅) 90×45cm
B원단(브로드 퀼팅) 50×20cm
컬러 웨이빙끈 2.5×70cm

#10의 재료

A원단(도비 퀼팅) 50×25cm
B원단(브로드 퀼팅) 25×20cm
컬러 웨이빙끈 2.5×34cm
벨크로 2.5×2.5cm

#11·12의 재료

A원단(타탄 체크 퀼팅) 90×60cm
B원단(데님 퀼팅) 70×20cm
아크릴 웨이빙끈 2.5×104cm
벨크로 2.5×2.5cm

※ 도안은 들어있지 않습니다. 원단에 직접
그려서 재단하거나, 제도방법을 보고 도
안을 만드세요.

#11의 재료

A원단(타탄 체크 퀼팅) 90×45cm
B원단(데님 퀼팅) 50×20cm
아크릴 웨이빙끈 2.5×70cm

#12의 재료

A원단(타탄 체크 퀼팅) 50×25cm
B원단(데님 퀼팅) 25×20cm
아크릴 웨이빙끈 2.5×34cm
벨크로 2.5×2.5cm

:: 마름질하기

재단배치도와 만드는 방법은 18～21페이지 #01·02와 동일합니다.

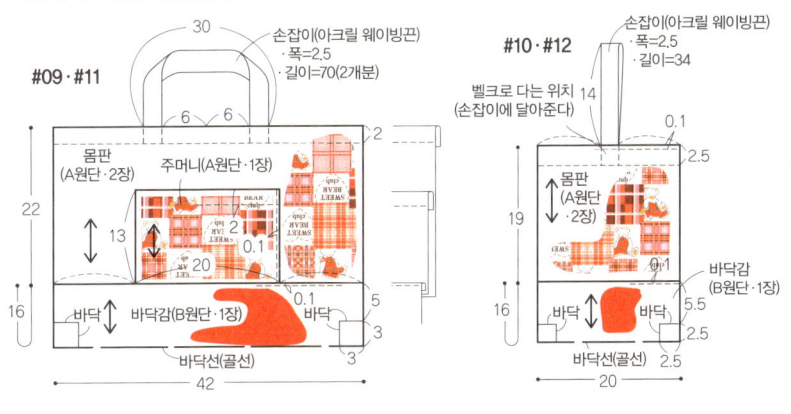

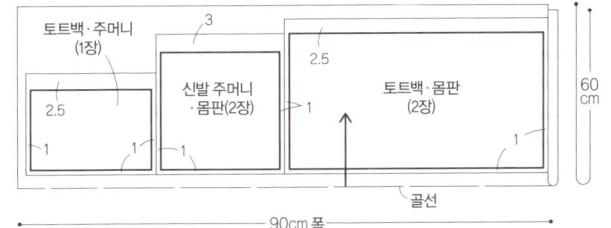

#09～#12 A원단의 재단배치도

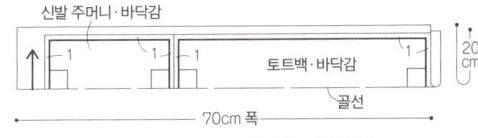

#09～#12 B원단의 재단배치도

:: #09·11의 만드는 방법

1 주머니를 만든다.

2 앞몸판에 주머니를 단다.

3 몸판과 바닥감을 박는다.

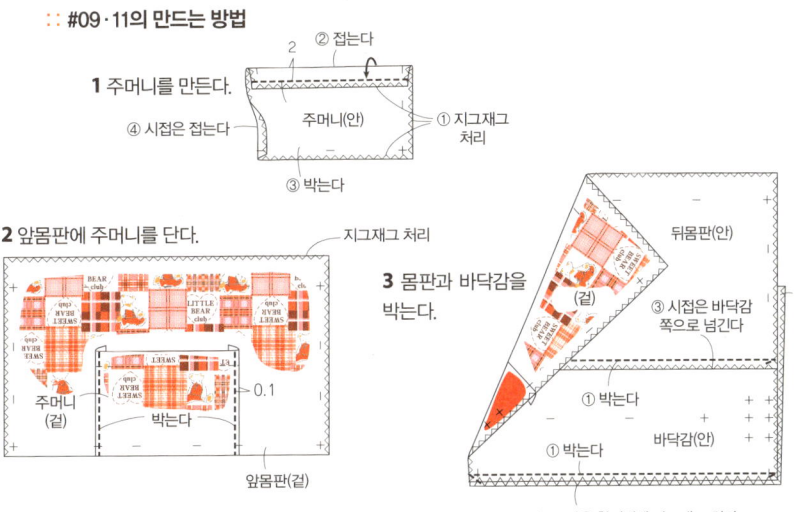

4 손잡이를 단다.

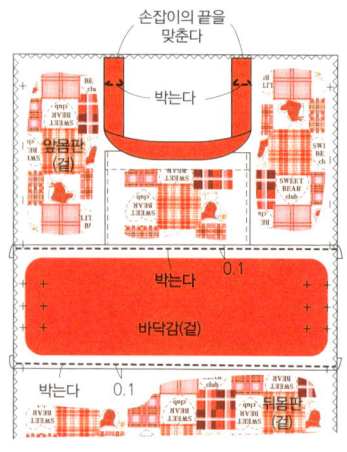

손잡이의 끝을
맞춘다

박는다

앞몸판
(겉)

박는다 0.1

바닥감(겉)

박는다 0.1

몸판
(겉)

5 옆선을 박는다.

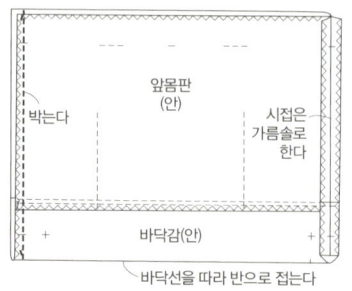

박는다

앞몸판
(안)

시접은
가름솔로
한다

바닥감(안)

바닥선을 따라 반으로 접는다

6 모서리를 삼각형으로 접고,
박음질하여 바닥을 완성한다.

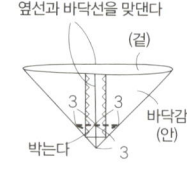

옆선과 바닥선을 맞댄다

(겉)

3 3

바닥감
(안)

박는다 3

7 입구 쪽 시접을 접어서 박음질한다.

42cm

접는다

박는다 2

27
cm

바닥6cm

#09·11 완성도

:::: **#10·12의 만드는 방법**

1 몸판과 바닥감을 박는다.

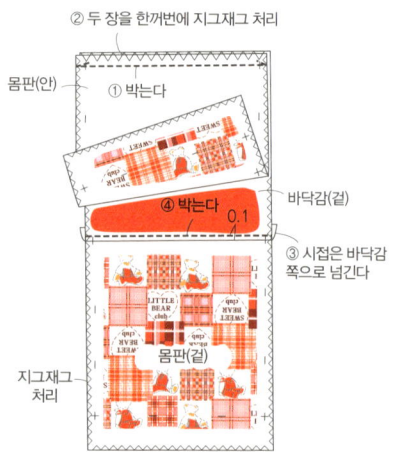

② 두 장을 한꺼번에 지그재그 처리

몸판(안)

① 박는다

바닥감(겉)

④ 박는다 0.1

③ 시접은 바닥감
쪽으로 넘긴다

몸판(겉)

지그재그
처리

2 손잡이에 벨크로를 달아서 몸판에 단 후 옆
선을 박는다.

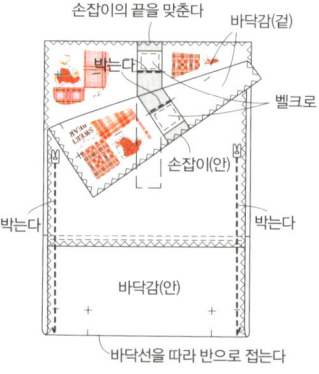

손잡이의 끝을 맞춘다

바닥감(겉)

박는다

벨크로

손잡이(안)

박는다

박는다

바닥감(안)

바닥선을 따라 반으로 접는다

3 모서리를 삼각형으로 접고,
박음질하여 바닥을 완성한다.

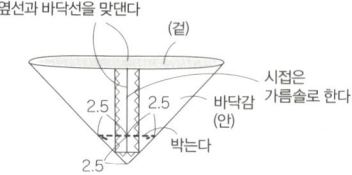

옆선과 바닥선을 맞댄다

(겉)

2.5 2.5

시접은
가름솔로 한다

바닥감
(안)

2.5

박는다

4 입구 쪽 시접을 접어서 박음질한다.

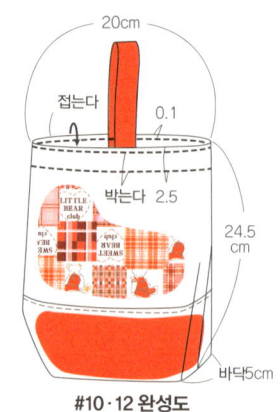

20cm

접는다 0.1

박는다 2.5

24.5
cm

바닥5cm

#10·12 완성도

아플리케로 귀여움을 더한 등원 소품 세트

퀼팅 원단으로 기본 세트를 만들어봤다면 이제 다음 단계로 들어가 볼까요? 안감을 넣어 완성도를 높여 만든 더욱 튼튼한 토트백, 신발 주머니, 스트링 파우치를 만들어 보세요. 등원 소품 3종 세트입니다.

#13

#14

#15

안감을 넣어 만든 기본형 토트백과 신발 주머니,
깅엄체크 프린트원단으로 만든 스트링 파우치 3종 세트입니다.
깜찍한 고양이 아플리케는 다림질로 간단하게 붙일 수 있는
접착식 와펜을 사용했어요.

제작 _ 고모리 가쓰코

#16

#17

#18

자동차를 좋아하는 남자아이들을 위해 중장비 아플리케 와펜을
포인트로 달아주었답니다. 스트링 파우치를 만든 깅엄체크 원단에도
다양한 자동차들이 프린트되어 있어서 아이들이 정말 좋아한답니다.
토트백과 신발 주머니는 안감을 넣어 더욱 튼튼하게 만들었습니다.

제작 _ 고모리 가쓰코

안감이 들어간 소품 만들기

안감이 들어간 '토트백·신발 주머니'와 '스트링 파우치' 만드는 방법을 소개합니다.

※ #13·14는 몸판 겉감(A원단·접착심·각 1장)과 몸판 안감(B원단·1장) 총 3장씩 준비하세요.

:: 재료 준비하기

#13~15 세트로 만들 경우

A원단(슬러브 코튼) 70×70cm
B원단(키즈 프린트) 105×80cm
접착심 70×70cm
웨이빙끈 2.5×94cm
리넨 스트링끈 0.6×160cm
아플리케 와펜L(약 13×14cm) 1장
아플리케 와펜M(약 8×9cm) 1장
아플리케 와펜S(약 7×7cm) 1장

※ 도안은 부록 B면 13·14·15를
사용합니다.

:: 마름질하기

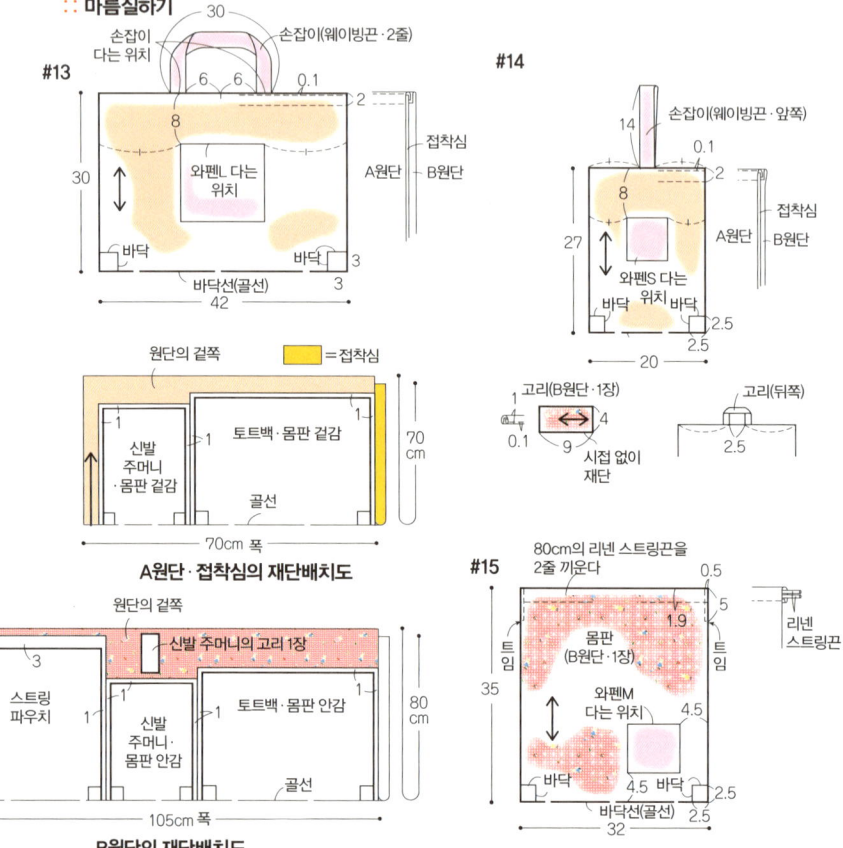

:: 도안 만들기

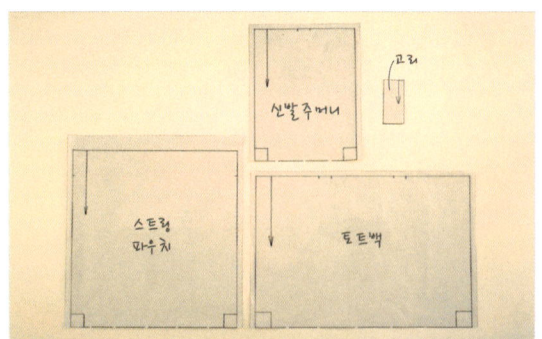

14페이지를 참고하여 부직포 패턴지 등 비치는 종이에 도안을 옮깁니다. 식서방향(화살표), 손잡이 다는 위치 등 필요한 기호도 빠짐없이 표시하세요. 재단배치도를 확인하여 지정된 시접을 테두리에 표시합니다.

:: A원단에 접착심 붙이기

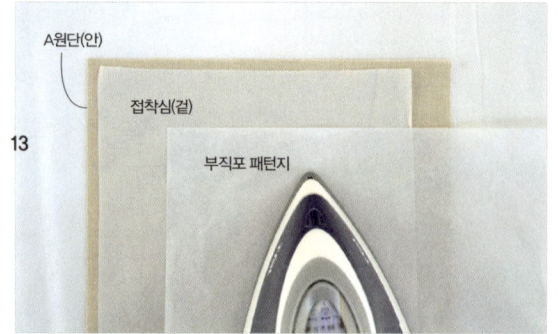

다리미판 위에 A원단의 안쪽 면이 위로 오게 하여 올려놓습니다. 접착심은 접착면(접착 알갱이가 붙어 있는 면)을 아래로 하여 A원단 위에 올려놓습니다. 접착심 위에 부직포 패턴지 등의 종이를 올려놓고, 중온(140~160℃)으로 맞춘 다리미로 꾹꾹 눌러 붙여줍니다. 다리미는 옆으로 밀지 말고 고르게 이동시켜서 붙입니다(자세한 방법은 12페이지 참고).

❶ 토트백

몸판 안감
접착심
몸판 겉감

❷ 신발 주머니

고리
접착심
몸판 겉감
몸판 안감

❸ 스트링 파우치

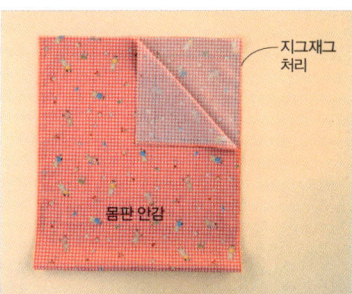

지그재그 처리
몸판 안감

일러스트의 재단배치도를 따라 도안을 배치한 다음, 도안대로 원단을 재단합니다. 원단의 안쪽 면에 양면 초크페이퍼를 끼운 다음, 소프트룰렛을 사용하여 완성선과 필요한 기호를 옮깁니다. 스트링 파우치의 옆선은 지그재그로 처리하여 올 풀림을 방지합니다.

#13 고양이 와펜 토트백

※ 바늘땀이 잘 보이도록 재봉실의 색을 바꾸어 사용했습니다. 실제로 만들 때는 원단에 어울리는 색을 사용하세요.
※ #16 증장비 와펜 토트백 만드는 방법도 이와 같습니다.

:: 재료 준비하기

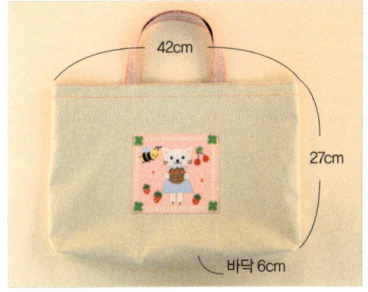

42cm
27cm
바닥 6cm

A원단(슬러브 코튼) 45×65cm
B원단(키즈 프린트) 45×65cm
접착심 45×65cm
웨이빙끈 2.5×64cm
아플리케 와펜L(약 13×14cm) 1장

※ 도안은 부록 B면 13을 사용합니다.

❶ 손잡이 달기

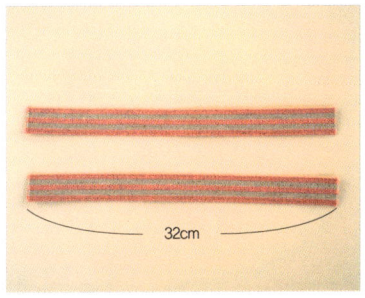

32cm

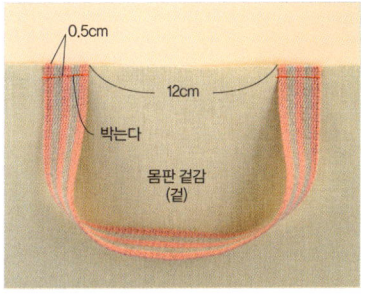

0.5cm
12cm
박는다
몸판 겉감
(겉)

1 손잡이용 웨이빙끈을 32cm 길이로 2개 자릅니다. 웨이빙끈의 양쪽 가장자리에 '올풀림 방지액'을 발라서 건조시켜 둡니다.

2 몸판 겉감의 시접 끝부분에 손잡이의 끝을 맞춘 다음, 끝에서 0.5cm 띄우고 박음질합니다.

❷ 겉감과 안감 연결하기

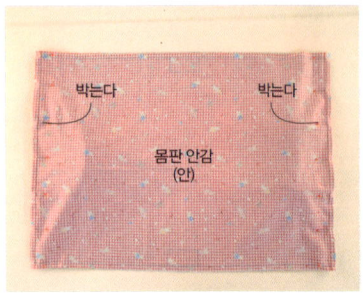

1 겉감과 안감을 겉끼리 맞대어 겹칩니다. 가방의 입구를 시침핀으로 고정한 다음, 박음질합니다.

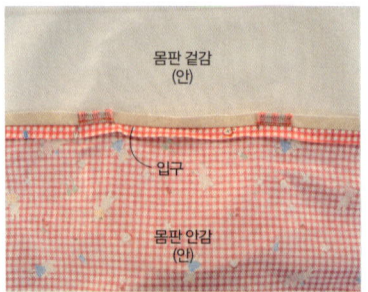

2 입구 쪽 시접을 가름솔로 벌려 다림질합니다.

❸ 옆선 박기

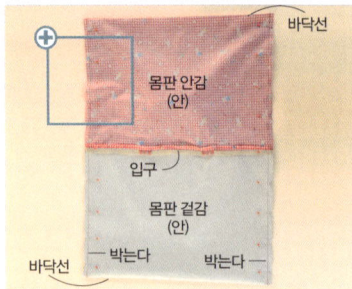

1 몸판의 겉감과 안감을 각각 바닥선을 따라 반으로 접어줍니다. 옆선을 시침핀으로 고정한 다음, 이어서 박아줍니다. 몸판 안감의 옆선을 10cm 정도 남기고 박아서 창구멍을 만듭니다.

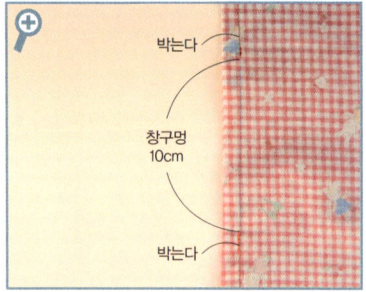

1-1 확대한 모습.

2 시접을 가름솔로 벌려 다림질합니다.

❹ 바닥 만들기

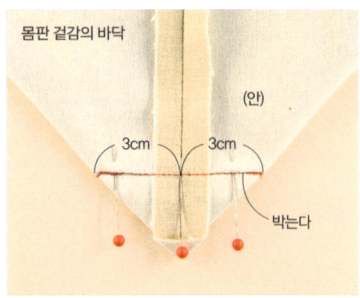

1 옆선과 바닥선을 맞댄 다음, 모서리를 삼각형으로 접습니다. 바닥에 표시한 안내선에 맞춰서 시침핀으로 고정한 다음, 박음질하여 바닥을 완성합니다.

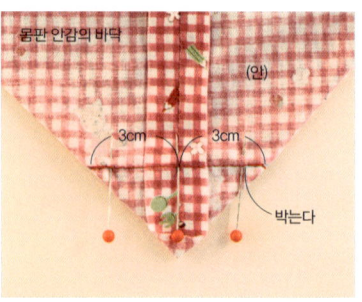

2 몸판 안감도 같은 방법으로 박음질합니다.

❺ 뒤집기

1 창구멍으로 손을 넣어서 겉감과 안감을 겉이 보이도록 뒤집습니다.

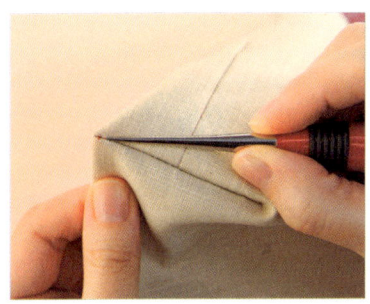

2 송곳을 이용해서 바닥 모서리를 깔끔하게 빼내어 정리합니다. 안감의 바닥도 같은 방법으로 정리해줍니다.

2-1 전체 모습

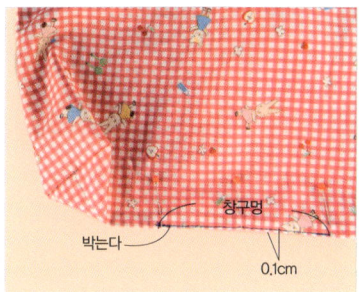

3 몸판 안감의 창구멍을 겹쳐서 안쪽으로 0.1cm 위치를 상침해줍니다.

❻ 입구둘레 박기

1 겉감 속에 안감을 넣어 정리합니다.

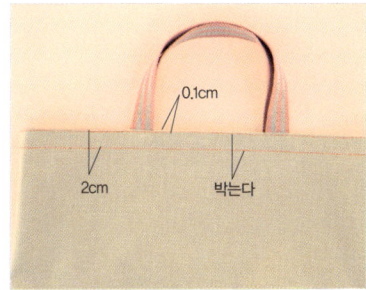

2 입구는 다림질 한 다음, 끝에서 0.1cm와 2cm 띄우고 두 줄로 상침해줍니다.

❼ 아플리케 달기

몸판 겉감에 아플리케 붙일 위치를 정하고 얇은 천이나 부직포 패턴지 등을 올려놓습니다. 중온 (140~160℃)으로 맞춘 다리미로 꾹꾹 눌러 다려서 붙입니다. 접착이 약할 경우에는 공그르기 (10~11페이지)로 고정시키면 완성.

#14 고양이 와펜 신발 주머니

※ 바늘땀이 잘 보이도록 재봉실의 색을 바꾸어 사용했습니다. 실제로 만들 때는 원단에 어울리는 색을 사용하세요.
※ #17 중장비 와펜 신발 주머니 만드는 방법도 이와 같습니다.

:: 재료 준비하기

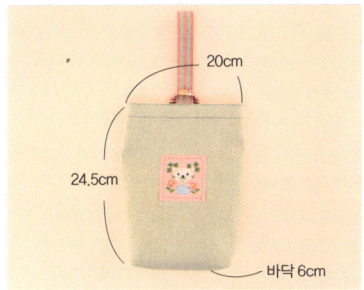

A원단(슬러브 코튼) 25×60cm
B원단(키즈 프린트) 30×60cm
접착심 25×60cm
웨이빙끈 2.5×30cm
아플리케 와펜S(약 7×7cm) 1장

※ 도안은 부록 B면 14를 사용합니다.

❶ 손잡이 달기

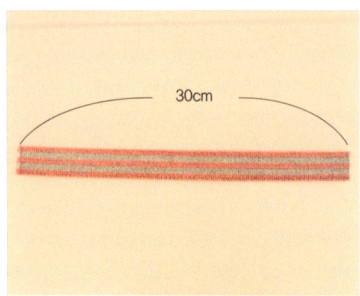

1 손잡이용 웨이빙끈을 30cm 길이로 자릅니다. 웨이빙끈의 양쪽 가장자리에 '올풀림 방지액'을 발라서 건조시켜 둡니다.

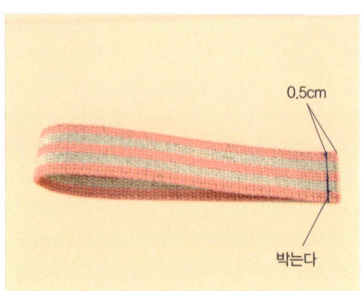

2 반으로 접어 끝에서 0.5cm 안쪽을 박음질합니다.

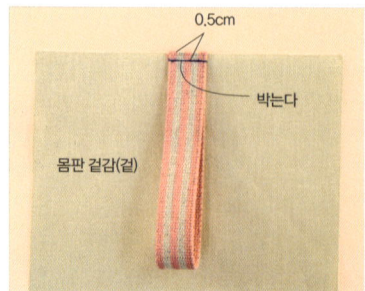

3 앞 몸판의 끝부분에 손잡이의 끝을 맞춰서 올려놓고 0.5cm 띄우고 손잡이의 박음선 위를 다시 한 번 박음질합니다.

❷ 고리 만들어 달기

1 고리용 B원단을 반으로 접고 다림질합니다.

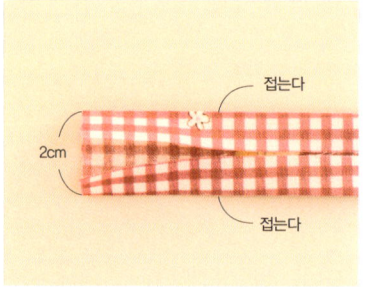

2 고리를 펼친 다음, 접었던 중심선에 맞추어 양쪽을 반으로 접어줍니다.

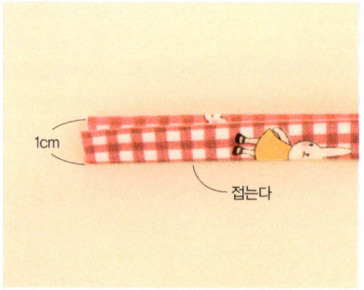

3 고리를 다시 반으로 접어줍니다.

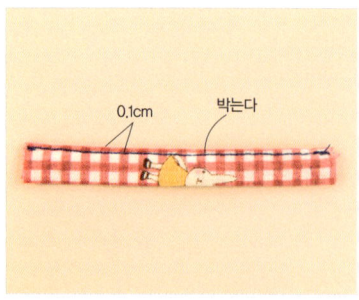

4 고리용 B원단을 반으로 접고 다림질합니다.

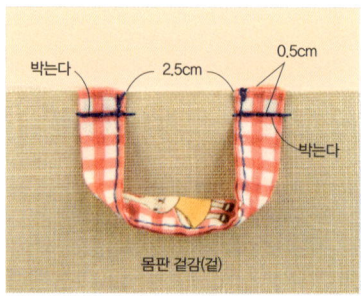

5 뒤 몸판의 끝부분에 고리의 끝을 맞춰서 올려놓은 다음, 끝에서 0.5cm 안쪽을 박음질합니다.

❸ 겉감과 안감 연결하기

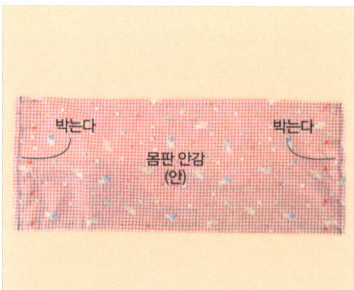

1 겉감과 안감을 겉끼리 맞대어 겹칩니다. 가방의 입구를 시침핀으로 고정한 다음, 박음질합니다.

④ 옆선 박기

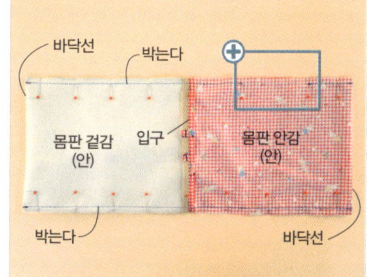

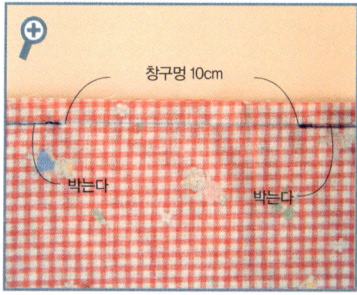

2 입구 쪽 시접을 가름솔로 벌리고 다림질합니다.

1 몸판의 겉감과 안감을 각각 바닥선을 따라 반으로 접고 옆선을 시침핀으로 고정한 다음, 이어서 박습니다. 몸판 안감의 옆선을 10cm 정도 남기고 박아서 창구멍을 만듭니다.

1-1 확대한 모습.

⑤ 바닥 만들기

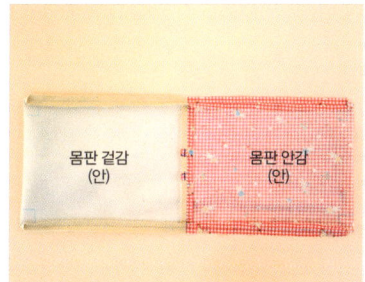

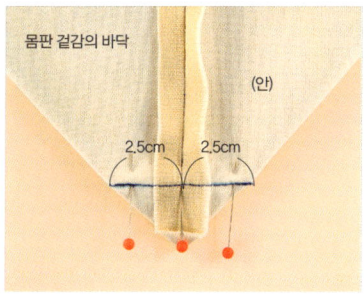

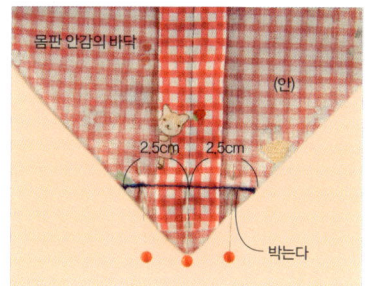

2 시접을 가름솔로 벌려 다립니다.

1 옆선과 바닥선을 맞댄 다음, 모서리를 삼각형으로 접습니다. 바닥에 표시한 안내선에 맞춰서 시침핀으로 고정한 다음, 박음질하여 바닥을 완성합니다.

2 몸판 안감도 같은 방법으로 박음질합니다.

⑥ 뒤집기

36~37페이지를 참조하여 겉감과 안감을 겉이 보이도록 뒤집습니다. 송곳을 이용해서 바닥 모서리를 깔끔하게 빼내어 정리합니다. 몸판 안감의 창구멍을 겹쳐서 끝에서 0.1cm 안쪽을 상침합니다.

⑦ 입구 상침하기 & 아플리케 달기

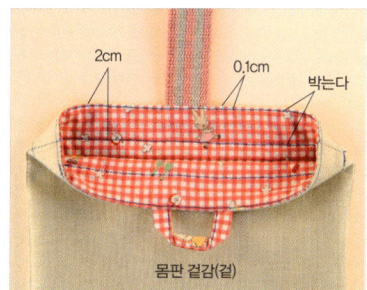

겉감 속에 안감을 집어넣습니다. 입구를 다림질하여 정리한 다음, 끝에서 0.1cm와 2cm 안쪽을 상침합니다. 37페이지를 참조하여 다림질로 아플리케를 붙입니다. 완성.

#15 고양이 와펜 스트링 파우치

※ 바늘땀이 잘 보이도록 재봉실의 색을 바꾸어 사용했습니다. 실제로 만들 때는 원단에 어울리는 색을 사용하세요.
※ #18 중장비 와펜 스트링 파우치 만드는 방법도 이와 같습니다.

:: 재료 준비하기

B원단(키즈 프린트) 35×80cm
리넨 스트링끈 0.6×160cm
아플리케 와펜M(약 8×9cm) 1장

※ 도안은 부록 B면 15를 사용합니다.

❶ 입구 쪽 시접 접기

1 입구쪽 시접 1cm를 위쪽으로 접어 올려서 다림질합니다. 시접자를 이용하면 간편하게 다림질할 수 있어요.

2 남은 시접 2cm를 접어 올려서 완성선을 다림질합니다. 시접자를 이용하면 간편하게 다림질할 수 있어요.

❷ 옆선 박기

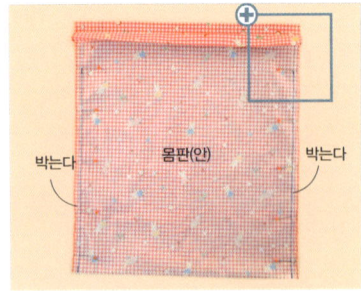

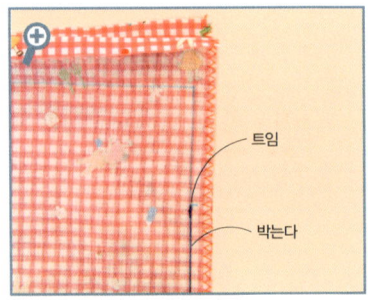

1 몸판의 겉면이 안쪽으로 들어가도록 바닥선을 따라 몸판을 반으로 접어줍니다. 옆선을 시침핀으로 고정한 다음, 트임 부분을 남기고 박음질합니다.

1-1 확대한 모습.

2 접어놓았던 입구 쪽 시접을 편 다음, 양 옆선의 시접을 가름솔로 벌려 다림질합니다.

❸ 트임 부분 박기

트임 부분의 시접을 박음질합니다. 가장자리에서 0.5cm 안쪽으로 들어간 부분을 사진과 같이 박음질합니다.

❹ 바닥 만들기

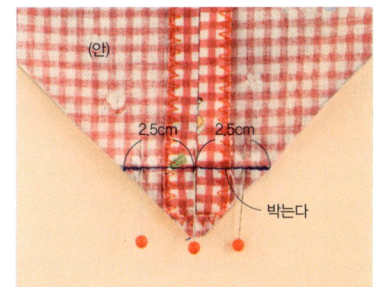

옆선과 바닥선을 맞댄 다음, 모서리를 삼각형으로 접습니다. 바닥에 표시한 안내선에 맞춰서 시침핀으로 고정한 다음, 박음질하여 바닥을 완성합니다.

❺ 입구둘레 박기

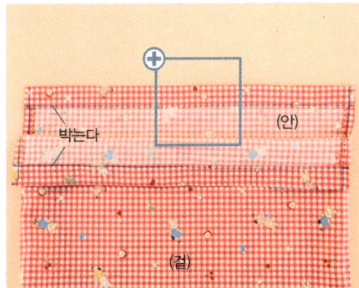

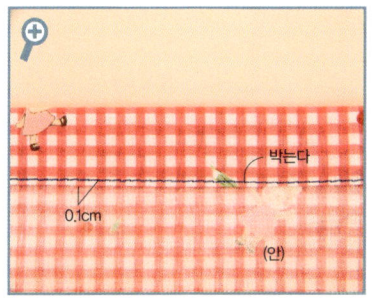

1 입구 쪽 시접을 접었던 선대로 다시 두 번 접어줍니다. 시접을 시침핀으로 고정한 다음, 안쪽에서 0.1cm 들어간 부분을 박음질합니다.

1-1 확대한 모습.

❻ 끈 끼우기 & 아플리케 달기

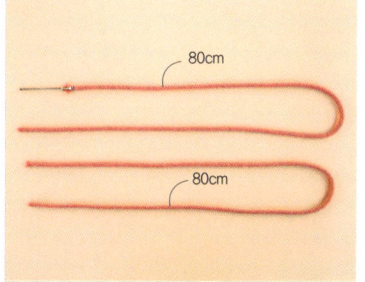

1 80cm의 리넨 스트링 끈을 2줄 준비합니다. 끈 하나를 고무줄 끼우개에 끼웁니다.

2 왼쪽 구멍부터 U자로 통과시킵니다.

3 다른 하나를 고무줄 끼우개에 끼운 다음, 오른쪽 구멍부터 U자로 통과시킵니다.

4 끈의 양쪽 끝을 묶어서 매듭을 만듭니다. 37페이지를 참고하여 아플리케를 다림질로 붙여주면 완성.

연보라색과 분홍색의 장식용 블레이드 위에 엄마 고양이와
아기 고양이를 아플리케하여 달아 주었어요. 빨간 모자는
엄마 고양이가 가장 좋아하는 아이템이랍니다.
토트백과 신발 주머니의 안감으로 사용한 빨간색 도트 무늬
원단으로는 스트링 파우치를 만들었어요.
넉넉한 사이즈로 만들어서 더욱 실용적이지요.

#20

#19

#21

#23

#22

#24

내추럴한 원단에 생동감 넘치는 자동차 모양의 아플리케를 달아
남자아이들이 좋아할 만한 소품 세트를 만들었습니다. 손잡이와
끈을 노란색으로 달아서 더욱 활기찬 느낌이 들지요?

제작 _ ARIGAERI studio—hana

#19·20·21 고양이 아플리케 세트

:: **재료 준비하기**

#19·20·21 세트로 만들 경우

A원단(코튼·무지) 70×70cm

B원단(도트 프린트) 105×80cm

접착심 70×70cm

봉봉 블레이드 0.7×66cm

웨이브 블레이드 0.6×66cm

펠트(분홍색) 20×20cm

펠트(빨간색) 5×5cm

컬러 웨이빙끈 2.5×101cm

컬러 스트링끈 0.5×160cm

D링 2.5cm폭 1개

장식구슬 2개

25번 자수실(분홍색·갈색·빨간
색) 약간

※ 도안은 부록 B면 13·14·15를 사용합니다.
고리의 도안은 사용하지 않습니다. 아플리
케 도안은 B면에 있습니다.

※ 블레이드는 가방의 앞쪽에만 달아줍니다.

#19의 재료

B원단(도트 프린트) 35×80cm

펠트(분홍색) 10×10cm

컬러 스트링끈 0.5×160cm

장식구슬 2개

25번 자수실(분홍색·갈색·빨간
색) 각 약간

#20의 재료

A원단(코튼·무지) 25×60cm

B원단(도트 프린트) 25×60cm

접착심 25×60cm

봉봉 블레이드 0.7×22cm

웨이브 블레이드 0.6×22cm

펠트(분홍색) 10×10cm

펠트(빨간색) 5×5cm

컬러 웨이빙끈 2.5×37cm

D링 2.5cm폭 1개

25번 자수실(분홍색·갈색·빨간
색) 약간

#21의 재료

A원단(코튼·무지) 45×65cm

B원단(도트 프린트) 45×65cm

접착심 45×65cm

봉봉 블레이드 0.7×44cm

웨이브 블레이드 0.6×44cm

펠트(분홍색) 20×10cm

펠트(빨간색) 5×5cm

컬러 웨이빙끈 2.5×64cm

25번 자수실(분홍색·갈색·빨간색) 약간

:: **마름질하기**

※ 재단배치도는 34페이지를 참조하세요.

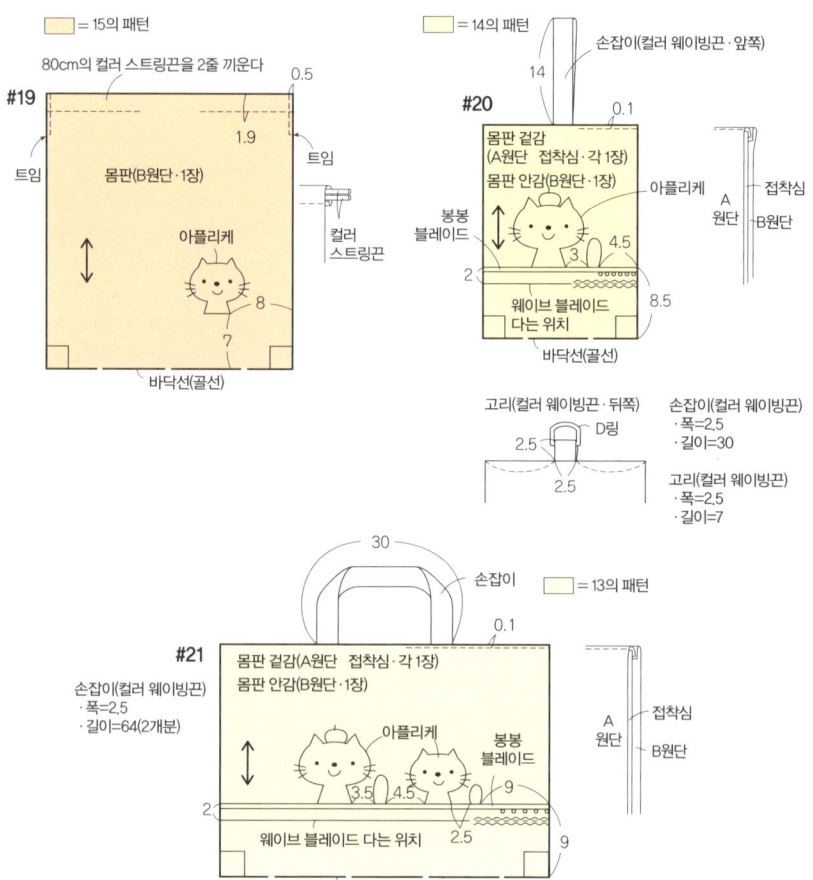

:: **#20 만드는 방법**

※ 자세한 방법은 37~39페이지 #14를 참조하세요.
※ #21도 같은 방법으로 블레이드를 달아줍니다.

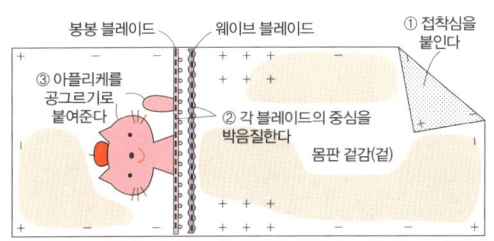

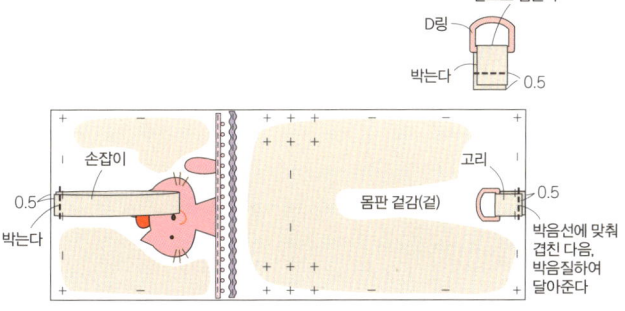

1 몸판 겉감의 안쪽에 접착심을 붙인 다음, 가방의 앞쪽에 블레이드를 붙여줍니다. 아플리케를 공그르기(10~11페이지)로 답니다.

2 고리와 손잡이를 만들어 몸판 겉감에 박음질하여 달아줍니다. (손잡이 만드는 방법은 37페이지 참고)

:: **완성**

※ 자세한 방법은 34~41페이지 #13~15를 참조하세요.

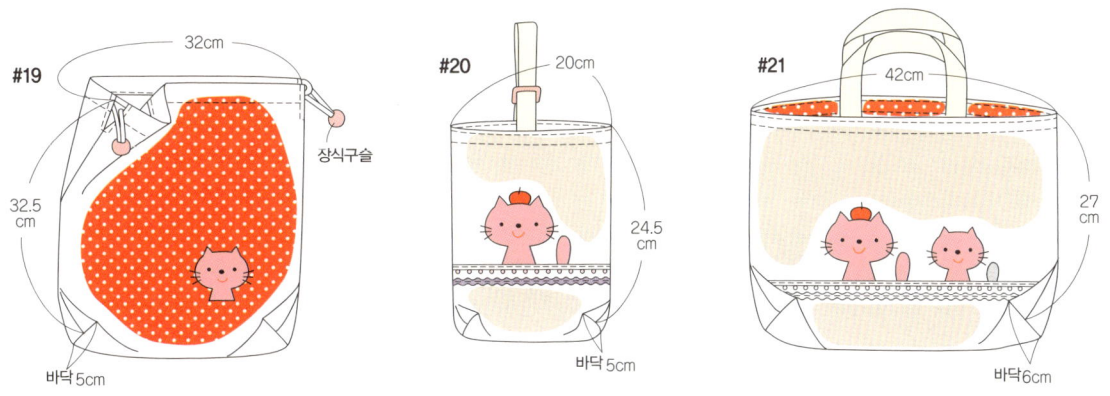

#22·23·24 자동차 아플리케 세트

:: 재료 준비하기

#22·23·24 세트로 만들 경우

A원단(코튼·무지) 70×70cm
B원단(깅엄체크) 90×140cm
접착심 70×70cm
단추(노란색) 지름 1.3cm 3개
코튼 테이프 1.5×66cm
펠트(빨간색) 20×20cm
펠트(연두색) 15×10cm
펠트(흰색·밤색) 10×5cm
컬러 웨이빙끈 2.5×101cm
컬러 스트링끈 0.5×160cm
D링 2.5cm폭 1개
장식구슬 2개
25번 자수실(연두색·흰색·빨간색·밤색
·검은색) 약간

※ 도안은 부록 B면 13·14·15를 사용합니다. 고리의
  도안은 사용하지 않습니다. 아플리케 도안은 B면
  에 있습니다.

※ 코튼 테이프는 가방의 앞쪽에만 달아줍니다.

#22의 재료

B원단(깅엄체크) 35×80cm
펠트(빨간색) 10×10cm
펠트(흰색·밤색) 5×5cm
컬러 스트링끈 0.5×160cm
장식구슬 2개
25번 자수실(흰색·빨간색·밤색·검은색)
각 약간

#23의 재료

A원단(코튼·무지) 25×60cm
B원단(깅엄체크) 25×60cm
접착심 25×60cm
단추(노란색) 지름 1.3cm 1개
코튼 테이프 1.5×22cm
펠트(빨간색) 15×10cm
펠트(흰색·밤색) 5×5cm
컬러 웨이빙끈 2.5×37cm
D링 2.5cm폭 1개
25번 자수실(흰색·빨간색·밤색·검은색)
각 약간

#24의 재료

A원단(코튼·무지) 45×65cm
B원단(깅엄체크) 45×65cm
접착심 45×65cm
단추(노란색) 지름 1.3cm 2개
코튼 테이프 1.5×44cm
펠트(빨간색) 15×10cm
펠트(연두색) 15×10cm
펠트(흰색·밤색) 5×5cm
컬러 웨이빙끈 2.5×64cm
25번 자수실(연두색·흰색·빨간색·밤색·검은색) 약간

:: 마름질하기

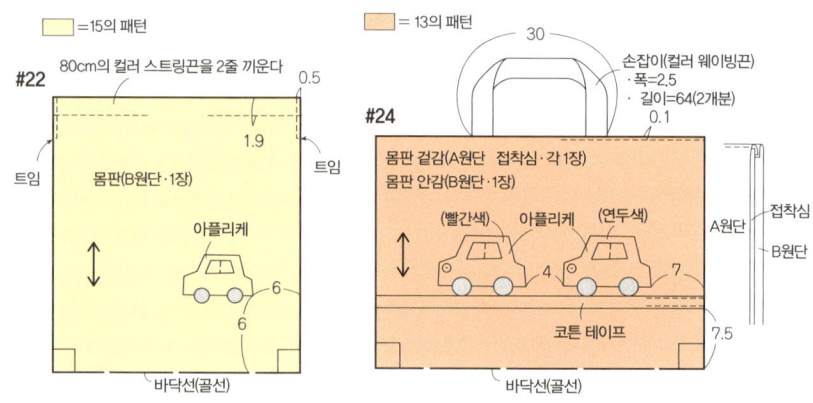

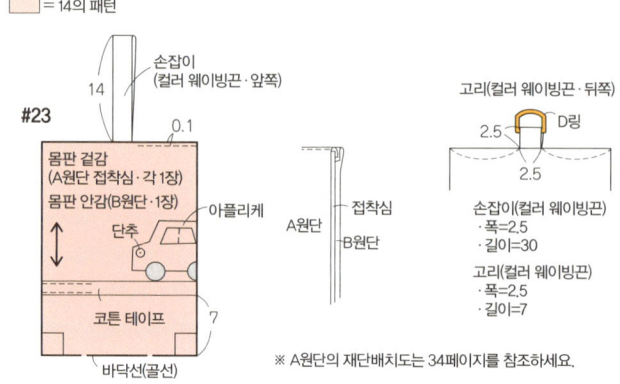

※ A원단의 재단배치도는 34페이지를 참조하세요.

겉감의 재단배치도

140 cm

골선
신발 주머니·몸판 안감

스트링 파우치

3

1

わ

토트백·몸판 안감

1

90cm 폭

겉감의 재단배치도

:: **#23 만드는 방법**

※ 자세한 방법은 37~39페이지 #14를 참조하세요.
※ #24도 같은 방법으로 코튼 테이프를 답니다.

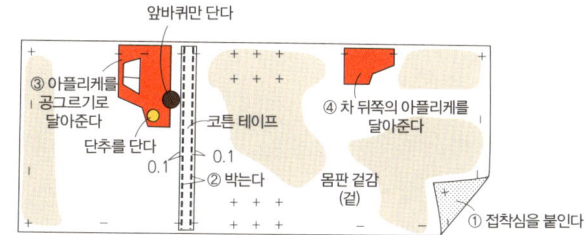

앞바퀴만 단다

③ 아플리케를
공그르기로
달아준다

단추를 단다

코튼 테이프

0.1

0.1

② 박는다

④ 차 뒤쪽의 아플리케를
달아준다

몸판 겉감
(겉)

① 접착심을 붙인다

1 몸판 겉감의 안쪽에 접착심을 붙인 다음, 코튼 테이프를
달아줍니다.

2 아플리케를 공그르기(10~11페이지)로 달아줍니다.

:: **완성**

※ 자세한 방법은 34~41페이지 #13~15를 참조하세요.

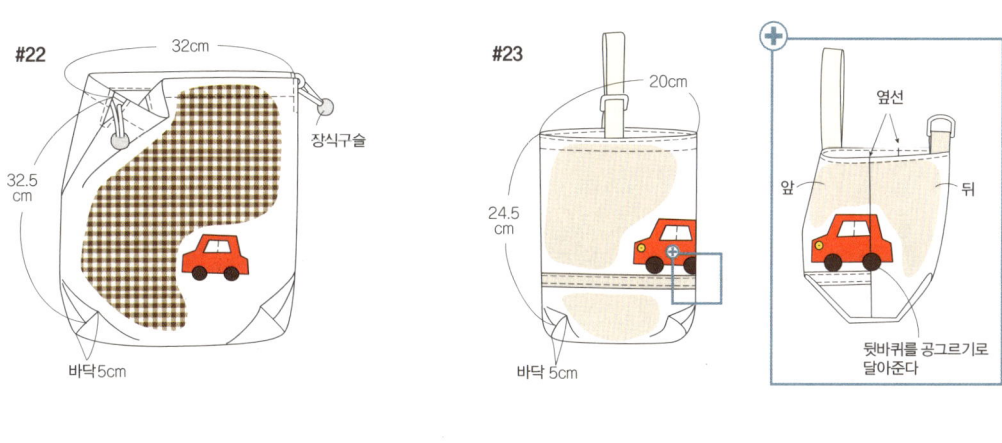

#22

32cm

32.5
cm

장식구슬

바닥5cm

#23

20cm

24.5
cm

바닥 5cm

옆선

앞

뒤

뒷바퀴를 공그르기로
달아준다

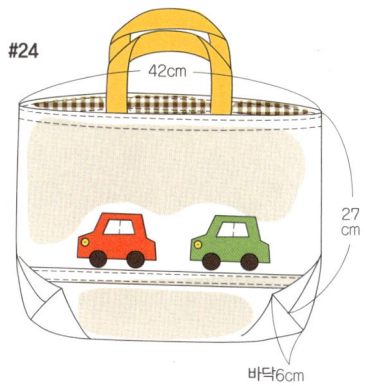

#24

42cm

27
cm

바닥6cm

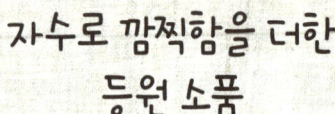

자수로 깜찍함을 더한 등원 소품

내추럴한 색채의 원단을 멋스럽게 매치한 세트입니다. 귀여운 아기 코끼리와 동글동글한 사과, 쏙 돋아난 새싹을 수놓아 깜찍함을 더했습니다.

#26

#25

#27

느긋해 보이는 코끼리와 잎사귀가 붙은 사과를 수놓아 핸드메이드만의 매력이
더욱 살아납니다.

디자인·제작 _ 가토 요코

토트백 뒷면에는 귀여운 코끼리의
엉덩이와 쏘옥 돋아난 새싹이 보여요.

#25·26·27 코끼리 자수 신발 주머니 & 스트링 파우치 & 토트백

:: 재료 준비하기

#25~27 세트로 만들 경우

A원단(선염 코튼리넨·무지) 110×70cm

B원단(선염 코튼리넨·체크) 45×70cm

C원단(선염 코튼리넨·스트라이프)

110×70cm

접착심 90×70cm

컬러 스트링끈 0.6×160cm

25번 자수실

(회색·빨간색·갈색·초록색) 약간

※ 도안은 부록 B면 13·14·15를 변형하여 사용합니다. 토트백, 스트링 파우치는 겉 몸판에 패치를 해줍니다. 손잡이와 주머니의 도안은 들어있지 않습니다. 제도방법을 보고 도안을 만드세요. 자수 도안은 B면에 있습니다.

#25의 재료

A원단(선염 코튼리넨·무지) 35×60cm

B원단(선염 코튼리넨·체크) 35×60cm

접착심 25×60cm

25번 자수실(초록색) 약간

#26의 재료

A원단(선염 코튼리넨·무지) 70×30cm

C원단

(선염 코튼리넨·스트라이프) 30×35cm

컬러 스트링끈 0.6×160cm

25번 자수실(회색·초록색) 약간

#27의 재료

A원단(선염 코튼리넨·무지) 75×35cm

B원단(선염 코튼리넨·체크) 15×65cm

C원단

(선염 코튼리넨·스트라이프) 100×50cm

접착심 70×70cm

25번 자수실(회색·빨간색·갈색·초록색) 약간

:: 마름질하기

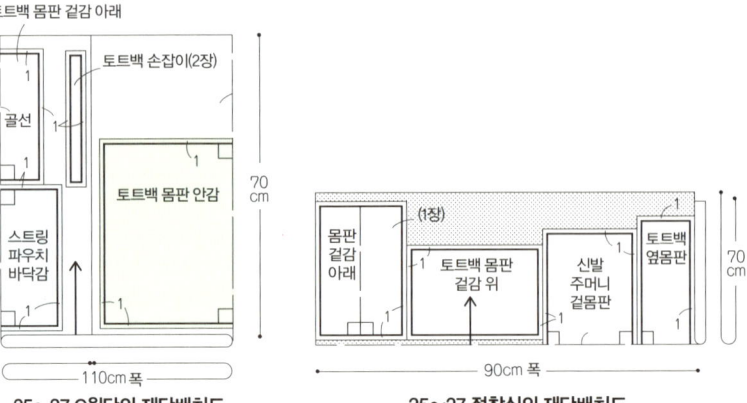

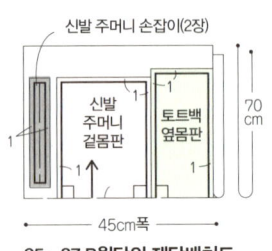

25~27 A원단의 재단배치도

25~27 B원단의 재단배치도

25~27 C원단의 재단배치도

25~27 접착심의 재단배치도

2 손잡이를 만듭니다.

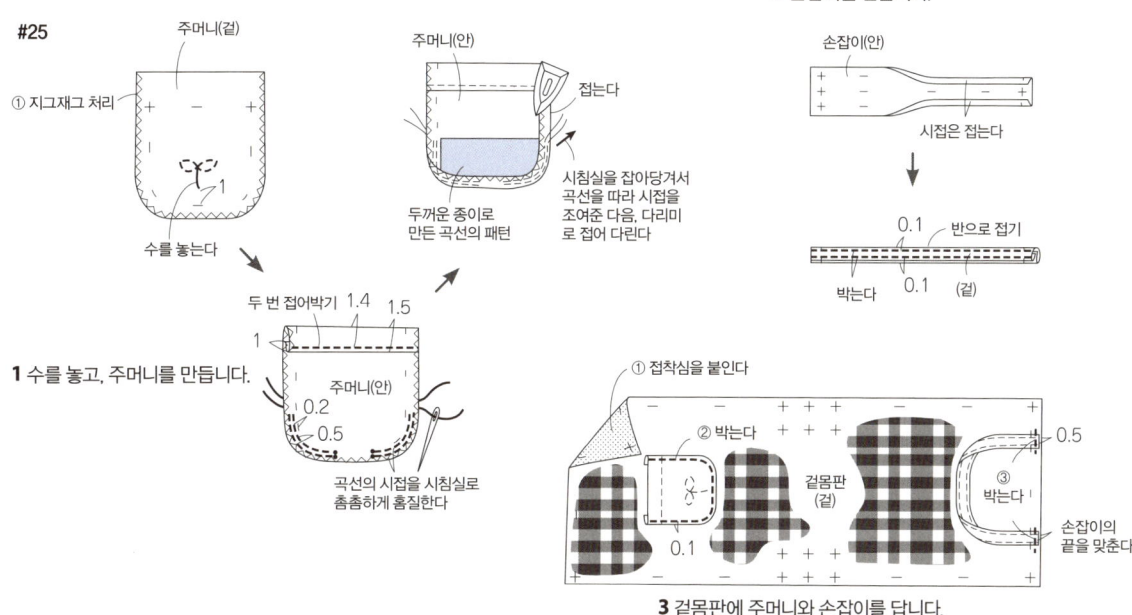

#25

① 지그재그 처리

주머니(겉)

− ＋ − ＋

1

수를 놓는다

주머니(안)

접는다

두꺼운 종이로
만든 곡선의 패턴

시침실을 잡아당겨서
곡선을 따라 시접을
조여준 다음, 다리미
로 접어 다린다

손잡이(안)

＋ −
＋ −
＋ −

시접은 접는다

0.1 반으로 접기

박는다 0.1 (겉)

1 수를 놓고, 주머니를 만듭니다.

두 번 접어박기 1.4 1.5

1

주머니(안)

0.2

0.5

곡선의 시접을 시침실로
촘촘하게 홈질한다

① 접착심을 붙인다

− ＋ ＋ ＋ −

② 박는다

겉몸판
(겉)

③
박는다

0.5

0.1

손잡이의
끝을 맞춘다

− − ＋ ＋ − −

3 겉몸판에 주머니와 손잡이를 답니다.

#26 ※ 자세한 방법은 42~43페이지 #15를 참조하세요.

1 몸판과 바닥감을 박음질하여 연결합니다.

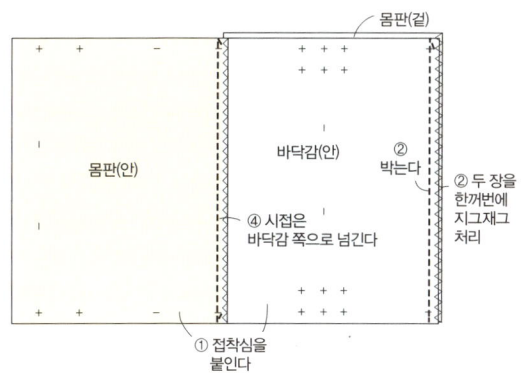

몸판(겉)

＋ ＋
＋ ＋
＋ ＋

몸판(안)

바닥감(안) ②
박는다

④ 시접은
바닥감 쪽으로 넘긴다

② 두 장을
한꺼번에
지그재그
처리

＋ ＋
＋ ＋

＋ − −

① 접착심을
붙인다

2 수를 놓습니다.

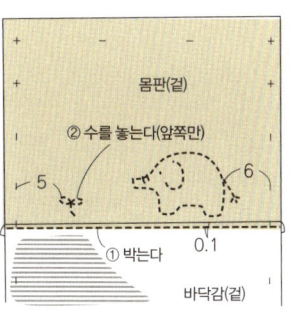

몸판(겉)

② 수를 놓는다(앞쪽만)

5

6

① 박는다 0.1

바닥감(겉)

#27 ※ 자세한 방법은 35〜37페이지 #13을 참조하세요.

1 몸판 겉감의 위와 아래를 패치한다.

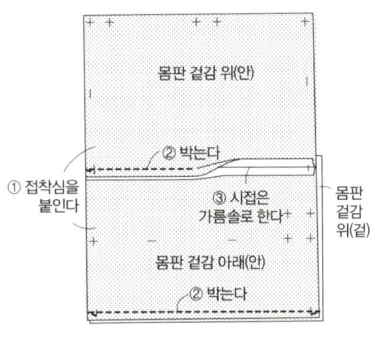

몸판 겉감 위(안)

② 박는다

① 접착심을
붙인다

③ 시접은
가름솔로 한다

몸판
겉감
위(겉)

몸판 겉감 아래(안)

② 박는다

2 수를 놓는다.

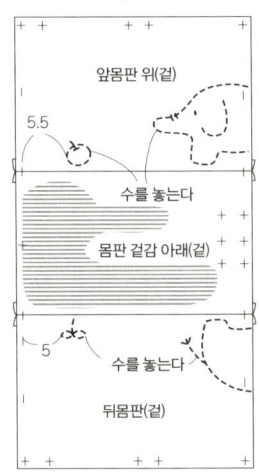

앞몸판 위(겉)

5.5

수를 놓는다

몸판 겉감 아래(겉)

5

수를 놓는다

뒤몸판(겉)

3 옆몸판을 패치한다.

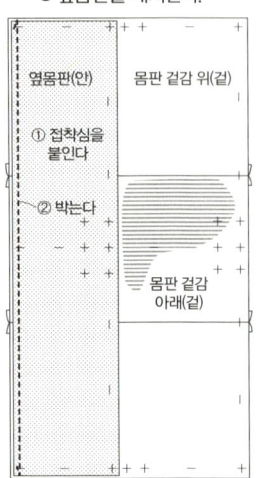

옆몸판(안)

① 접착심을
붙인다

② 박는다

몸판 겉감 위(겉)

몸판 겉감
아래(겉)

4 손잡이를 만들어 겉몸판에 단다.

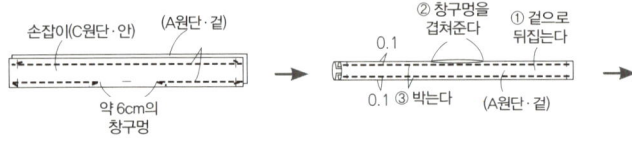

손잡이(C원단·안)   (A원단·겉)

약 6cm의
창구멍

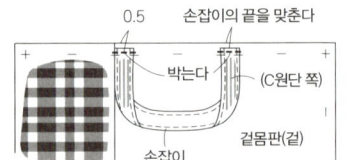

② 창구멍을
겹쳐준다

0.1

0.1 ③ 박는다

① 겉으로
뒤집는다

(A원단·겉)

0.5   손잡이의 끝을 맞춘다

박는다   (C원단 쪽)

손잡이   겉몸판(겉)

:: **완성**

#25

20cm

24.5
cm

바닥 5cm

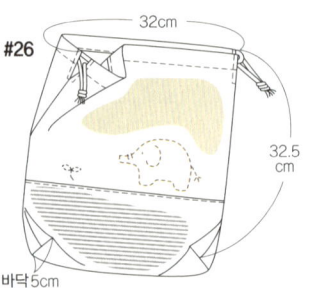

#26

32cm

32.5
cm

바닥 5cm

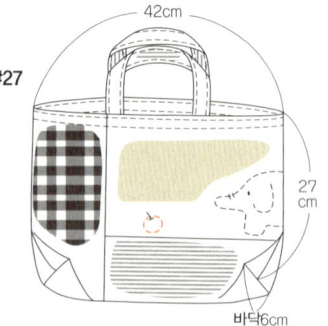

#27

42cm

27
cm

바닥 6cm

#28

#30

#29

풀밭에서 토끼가 뛰어노는 모습, 어때요?
원단과 자수가 잘 어우러진 귀여운 소품 세트랍니다.
당근 자수로 포인트를 준 신발 주머니에는 손잡이가 두 개 달려있어서
실내화를 넣고 꺼내기가 더 편하답니다.

디자인·제작 _ 가토 요코

#28·29·30 토끼 자수 스트링 파우치 & 토트백 & 신발 주머니

:: **재료 준비하기**

#28~30 세트로 만들 경우

A원단(코튼리넨 캔버스·무지) 110×70cm

B원단(코튼리넨 캔버스·도트) 45×70cm

C원단(코튼리넨 캔버스·플라워) 90×80cm

접착심 75×70cm

컬러 스트링끈 0.6×160cm

25번 자수실(연갈색·오렌지색·초록색) 각 약간

※ 도안은 부록 B면 13·14·15를 변형하여 사용합니다. 토트
백, 스트링 파우치는 겉몸판에 패치를 해줍니다. 손잡이와
주머니의 도안은 들어있지 않습니다. 제도방법을 보고 도안
을 만드세요. 자수 도안은 B면에 있습니다.

#28의 재료

A원단(코튼리넨 캔버스·무지) 70×30cm

C원단(코튼리넨 캔버스·플라워) 35×30cm

컬러 스트링끈 0.6×160cm

25번 자수실(연갈색·초록색) 약간

#29의 재료

A원단(코튼리넨 캔버스·무지) 75×35cm

B원단(코튼리넨 캔버스·도트) 15×65cm

C원단(코튼리넨 캔버스·플라워) 80×70cm

접착심 80×70cm

25번 자수실(연갈색·오렌지색·초록색) 약간

#30의 재료

A원단(코튼리넨 캔버스·무지) 35×60cm

B원단(코튼리넨 캔버스·도트) 30×60cm

접착심 25×60cm

25번 자수실(오렌지색·초록색) 약간

:: **마름질하기**

#28

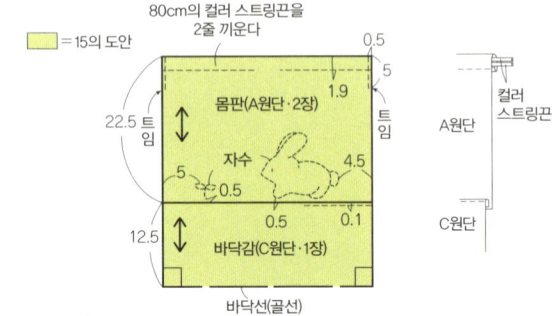

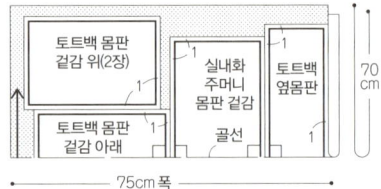

28~30 접착심의 재단배치도

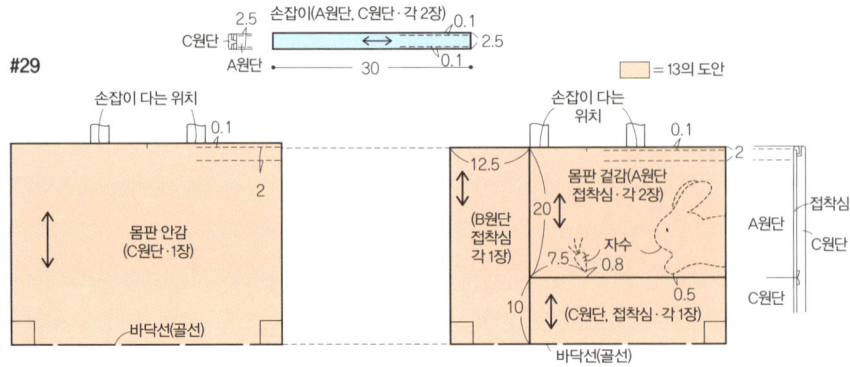

#30

⬚ =14의 도안

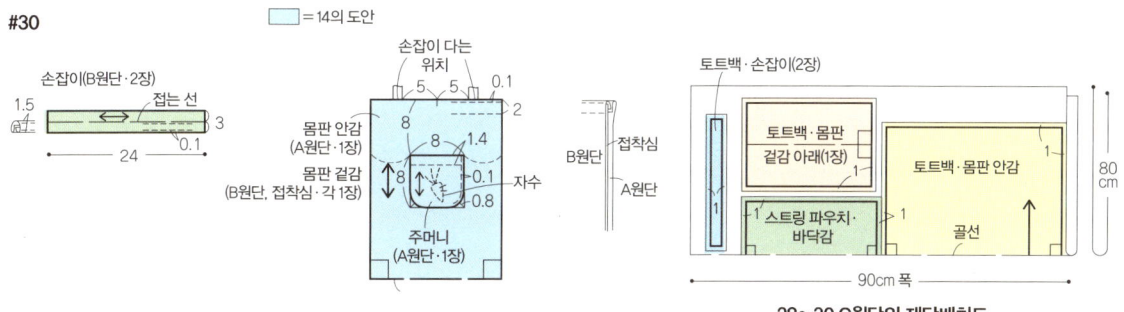

손잡이(B원단·2장)
1.5
접는 선
24
3
0.1

손잡이 다는 위치
5 5
0.1
2
몸판 안감(A원단·1장)
8
1.4
몸판 겉감(B원단, 접착심·각 1장)
8
0.1
0.8
자수
주머니(A원단·1장)

B원단
접착심
A원단

토트백·손잡이(2장)

토트백·몸판 겉감 아래(1장)
토트백·몸판 안감
1
스트링 파우치·바닥감
1
골선
80 cm
90cm 폭

28~30 C원단의 재단배치도

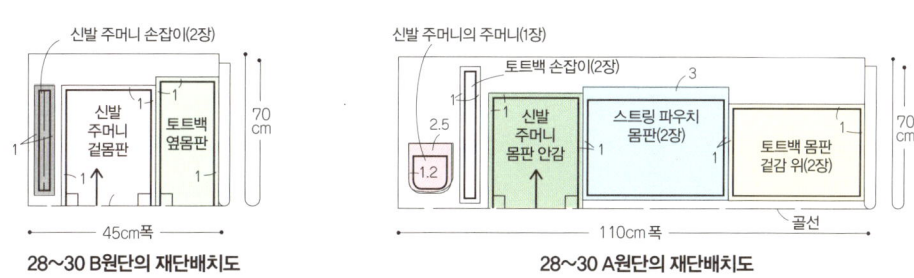

신발 주머니 손잡이(2장)
신발 주머니 겉몸판
1
토트백 옆몸판
1
70 cm
45cm폭

28~30 B원단의 재단배치도

신발 주머니의 주머니(1장)
토트백 손잡이(2장)
3
1
2.5
1.2
신발 주머니 몸판 안감
1
스트링 파우치 몸판(2장)
1
토트백 몸판 겉감 위(2장)
1
골선
110cm 폭
70 cm

28~30 A원단의 재단배치도

※ #28의 만드는 방법은 42~43페이지 #15를 참조하세요.
※ #29의 만드는 방법은 37~39페이지 #13를 참조하세요.
※ #30의 만드는 방법은 39~41페이지 #14를 참조하세요.

:: 완성

#28
32cm
32.5 cm
바닥5cm

#29
42cm
27 cm
바닥6cm

뒷면

#30
20cm
24.5 cm
바닥5cm

Part 2

도시락 소품

도시락 파우치 · 컵 파우치 · 수저 파우치 · 식탁 매트
아이들이 손꼽아 기다리는 소풍날, 가장 기대되는 순간은 점심 시간이지요.
'짜잔'하고 도시락을 꺼내는 순간을 떠올려 보세요.
도시락을 꺼내는 순간부터 점심시간이 더욱 행복해질 수 있도록
멋진 도시락 소품을 만들어주세요.

심플 & 베이직
도시락 소품

심플하고 사용하기 편한 도시락 파우치, 컵 파우치, 수저 파우치, 식탁 매트의 도시락 4종 세트입니다. 아이가 좋아하는 무늬로 여러 개의 세트를 만들어주세요.

:: **재료 준비하기**

#31~#34 세트로 만들 경우
겉감(옥스퍼드 프린트) 100×60cm
컬러 스트링끈 0.6×260cm

※ 도안은 부록 B면 35, 36, 37, 38을 사용합니다.

#31의 재료
겉감(옥스퍼드 프린트) 35×55cm
컬러 스트링끈 0.6×140cm

#32의 재료
겉감(옥스퍼드 프린트) 25×50cm
컬러 스트링끈 0.6×50cm

#33의 재료
겉감(옥스퍼드 프린트) 15×55cm
컬러 스트링끈 0.6×70cm

#34의 재료
겉감(옥스퍼드 프린트) 80×30cm

※ 마름질하기와 만드는 방법은 61~67페이지 #35, 36, 37, 38과 동일합니다.

#31

#32

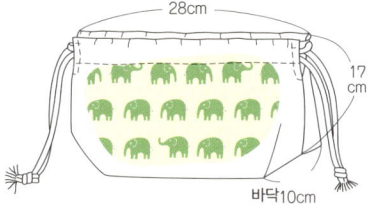

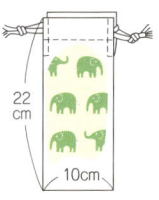

#33

#34

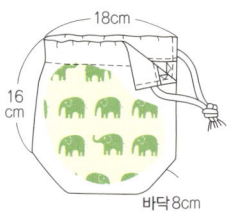

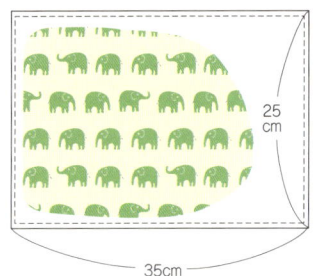

딸기, 꿀벌, 꽃 등의 무늬가 그려져 있는 원단을 사용하여
여자아이들이 좋아할 만한 귀여운 세트를 만들었어요.
끈의 끝부분에는 펠트로 만든 끈 장식을 달아서 포인트를 주었어요.

제작 _ 세노 다카코

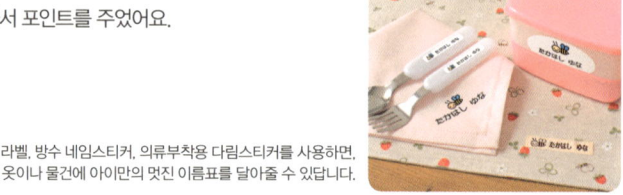

네임 라벨, 방수 네임스티커, 의류부착용 다림스티커를 사용하면,
아이의 옷이나 물건에 아이만의 멋진 이름표를 달아줄 수 있답니다.

도시락 소품 만들기

'도시락 파우치, 컵 파우치, 수저 파우치, 식탁 매트' 만드는 방법을 소개합니다.
스트링 파우치 끈의 끝부분에는 귀여운 딸기 모양의 끈 장식을 달아주세요.

:: 재료 준비하기

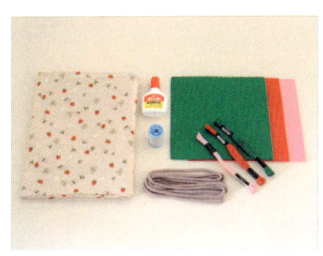

#35   #36

#37   #38

#35~38 세트로 만들 경우

겉감(코튼리넨 프린트) 100×60cm
컬러 스트링끈 0.6×260cm
펠트(분홍색) 20×10cm
펠트(빨간색) 10×10cm
펠트(초록색) 10×5cm
25번 자수실(분홍색·빨간색·초록색) 각 약간
패브릭 본드 약간

※ 도안은 부록 B면 35, 36, 37, 38을 사용합니다.
　끈 장식의 도안은 B면에 있습니다.

:: 마름질하기

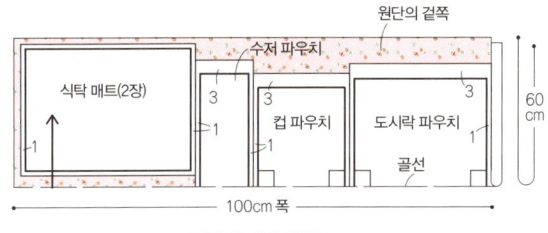

겉감의 재단배치도

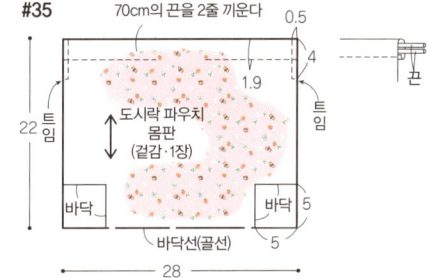

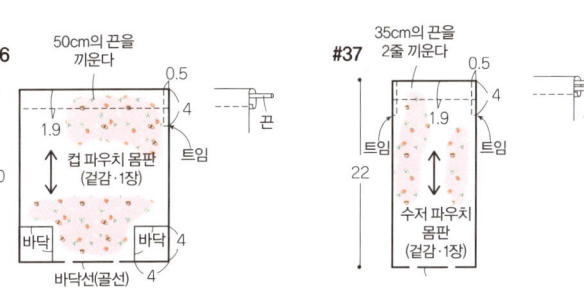

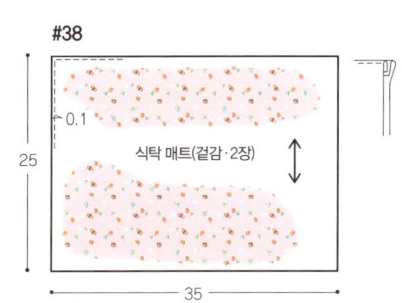

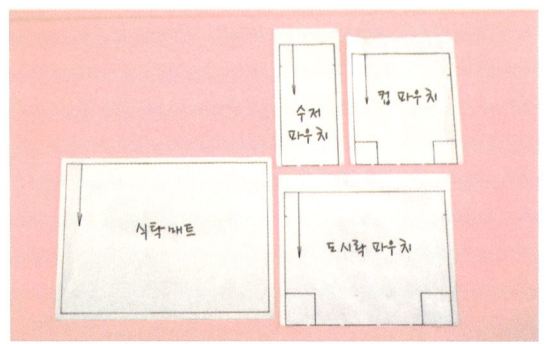

14페이지를 참고하여 부직포 패턴지 등 비치는 종이에 도안을 옮깁니다. 식서방향(화살표), 트임 등 필요한 기호도 빠짐없이 표시해주세요. 재단배치도를 확인하여 지정된 시접을 테두리에 표시해줍니다.

:: 재단 및 기호 표시하기 & 테두리 처리하기

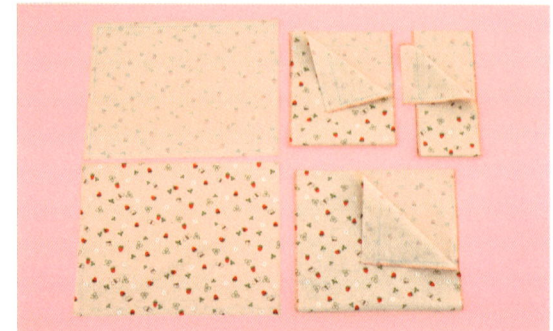

일러스트의 재단배치도를 따라 도안을 배치한 다음, 도안대로 원단을 재단합니다. 원단의 안쪽 면에 양면 초크페이퍼를 끼운 다음, 소프트룰렛을 사용하여 완성선과 필요한 기호를 옮깁니다. 식탁매트를 제외한 모든 원단의 옆선을 지그재그로 처리하여 올 풀림을 방지합니다.

#35 도시락 파우치 만드는 방법 　※ 바늘땀이 잘 보이도록 재봉실의 색을 바꾸어 사용했습니다. 실제로 만들 때는 원단에 어울리는 색을 사용하세요.

:: 재료 준비하기

겉감(코튼리넨 프린트) 35×55cm
컬러 스트링끈 0.6×140cm
펠트(분홍색) 20×5cm
펠트(빨간색) 10×5cm
펠트(초록색) 5×5cm
25번 자수실(분홍색·빨간색·초록색) 약간
패브릭 본드 약간

※ 도안은 부록 B면 35를 사용합니다. 끈 장식의 도안은 B면에 있습니다.

❶ 입구 쪽 시접 접기

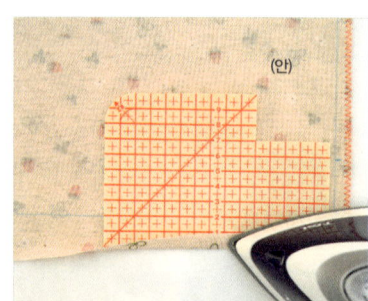

1 시접자를 사용하여 시접(1cm)을 위쪽으로 접어 올려서 다립니다.

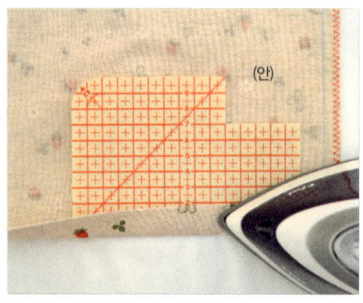

2 완성선에 시접자를 대고, 남은 시접(2mc)을 위쪽으로 접어 올려서 다립니다.

❷ 옆선 박기

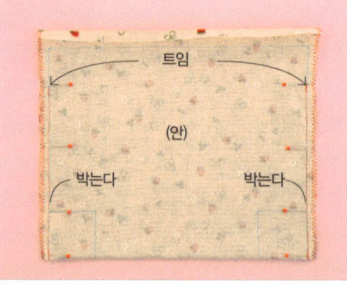

1 몸판의 겉면이 안쪽으로 들어가도록 바닥선을 따라 몸판을 반으로 접습니다. 옆선을 시침핀으로 고정한 다음, 완성선을 따라 박음질합니다.

2 시접은 가름솔로 벌려 다립니다.

❸ 트임 부분 박기

트임 부분의 시접을 박음질합니다. 가장자리에서 0.5cm 안쪽으로 들어간 부분을 사진과 같이 박음질합니다.

❹ 바닥 만들기

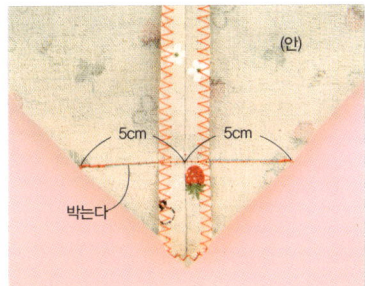

옆선과 바닥선을 맞댄 다음, 모서리를 삼각형으로 접습니다. 바닥에 표시한 안내선에 맞춰서 시침핀으로 고정한 다음, 박음질하여 바닥을 완성합니다.

❺ 입구 둘레 박기

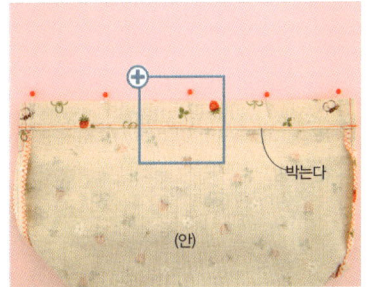

1 입구 쪽 시접을 접었던 선대로 두 번 접어줍니다. 시접을 시침핀으로 고정한 다음, 안쪽에서 0.1cm 들어간 부분을 박습니다.

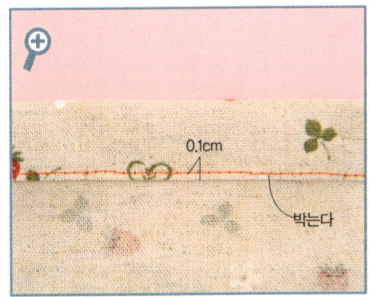

1-1 확대한 모습.

❻ 끈 끼우기

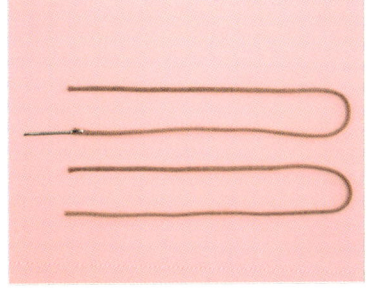

1 70cm의 컬러 스트링끈을 2줄 준비합니다. 하나를 고무줄 끼우개에 끼웁니다.

2 오른쪽 구멍부터 U자로 통과시킵니다.

3 다른 하나를 고무줄 끼우개에 끼운 다음, 왼쪽 구멍부터 U자로 통과시킵니다.

4 끈의 끝부분을 하나로 모아서 실로 묶어서 고정합니다.

❼ 끈 장식 달기

1 끈 장식용으로 사용할 펠트를 자릅니다.(사진은 1개분)

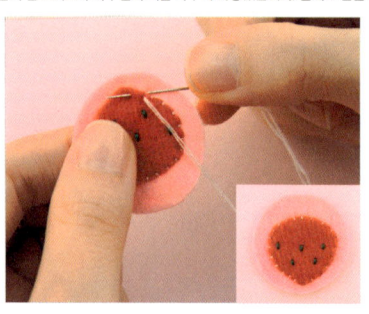

2 딸기에 스트레이트스티치(초록색-3가닥)로 수를 놓습니다.

3 딸기에 본드를 발라서 토대에 붙입니다. 딸기의 가장자리를 공그르기(2가닥) 합니다.

4 딸기 위에 꼭지를 붙입니다.

5 스트링 파우치 끈의 끝부분에 본드를 바른 다음, 다른 한 장의 토대 중앙에 붙입니다.

6 아플리케를 한 토대를 겹쳐놓은 다음, 가장자리를 감침질(2가닥)로 꿰매줍니다.

7 반대쪽 끈의 끝부분에도 끈 장식을 달아주면 완성.

#36 컵 파우치 만드는 방법

:: **재료 준비하기**

겉감(코튼리넨 프린트) 25×50cm

컬러 스트링끈 0.6×50cm

펠트(분홍색) 10×5cm

펠트(빨간색·초록색) 각 3×3cm

25번 자수실(분홍색·빨간색·초록색) 약간

패브릭 본드 약간

※ 도안은 부록 B면 36을 사용합니다.
※ 끈 장식의 도안은 B면에 있습니다.

❶ 입구 쪽 시접 접기 & 옆선 박기

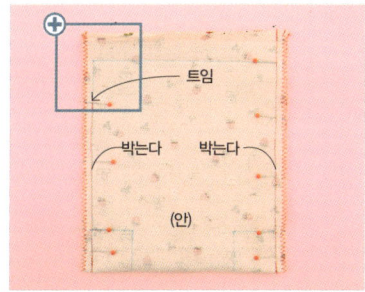

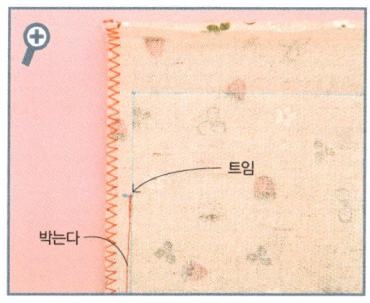

1 62페이지를 참조하여 입구 쪽 시접을 다리미로 접어 다립니다. 몸판의 겉면이 안쪽으로 들어가도록 바닥선을 따라 몸판을 반으로 접어줍니다. 옆선을 시침핀으로 고정한 다음, 완성선을 따라 박음질합니다. 반대쪽은 트임 부분을 남기고 박음질합니다.

2 시접은 가름솔로 벌려 다립니다.

❷ 트임 부분 박기

트임 부분의 시접을 박음질합니다. 가장자리에서 0.5cm 안쪽으로 들어간 부분을 사진과 같이 박음질합니다.

❸ 바닥 만들기

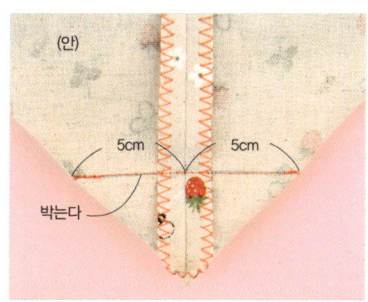

옆선과 바닥선을 맞댄 다음, 모서리를 삼각형으로 접습니다. 바닥에 표시한 안내선에 맞춰서 시침핀으로 고정한 다음, 박음질하여 바닥을 완성합니다.

❹ 입구둘레 박기

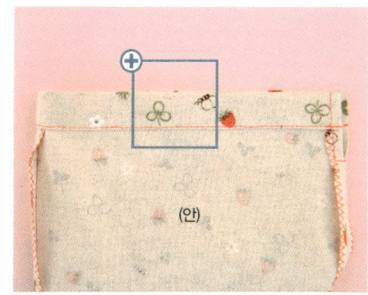

1 입구 쪽 시접을 접었던 선대로 다시 두 번 접어줍니다. 시접을 시침핀으로 고정한 다음, 안쪽에서 0.1cm 들어간 부분을 박음질합니다.

1-1 확대한 모습.

❺ 끈 끼우기 & 끈 장식 달기

컬러 스트링끈(50cm)을 고무줄 끼우개에 끼워서 구멍으로 통과시킵니다. 끈의 끝부분에 끈 장식을 달아줍니다(63~64페이지 참조).

#37 수저 파우치 만드는 방법

:: 재료 준비하기

겉감(코튼리넨 프린트) 15×55cm

컬러 스트링끈 0.6×70cm

펠트(분홍색) 15×5cm

펠트(빨간색) 10×5cm

펠트(초록색) 5×5cm

25번 자수실(분홍색·빨간색·초록색) 약간

패브릭 본드 약간

※ 도안은 부록 B면 37을 사용합니다.
※ 끈 장식의 패턴은 B면에 있습니다.

❶ 입구 쪽 시접 접기 & 옆선 박기

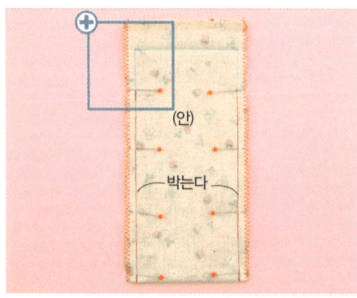

1 62페이지를 참고하여 입구 쪽 시접을 다리미로 접어 다립니다. 몸판의 겉면이 안쪽으로 들어가도록 바닥선을 따라 몸판을 반으로 접습니다. 옆선은 트임 부분을 남기고 박음질합니다.

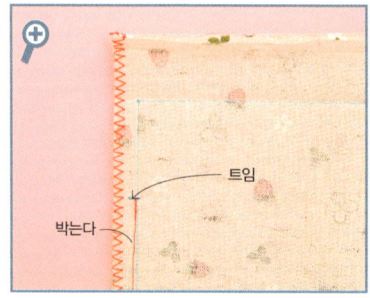

1-1 확대한 모습.

2 시접은 가름솔로 벌려 다립니다.

❷ 트임 부분 박기

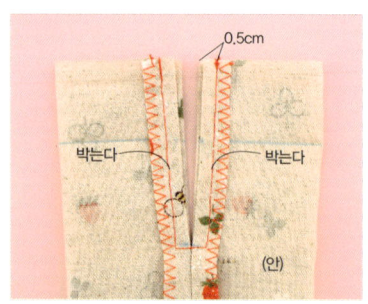

트임 부분의 시접을 박음질합니다. 가장자리에서 0.5cm 안쪽으로 들어간 부분을 사진과 같이 박음질합니다.

❸ 입구둘레 박기

입구 쪽 시접을 접었던 선대로 다시 두 번 접어줍니다. 시침핀으로 시접을 고정한 다음, 안쪽에서 0.1cm 들어간 부분을 박음질합니다.

❹ 끈 끼우기 & 끈 장식 달기

35cm의 컬러 스트링끈을 2줄 준비합니다. 양쪽 구멍으로 U자로 통과시킵니다. 끈의 끝부분에 끈 장식을 달아줍니다(63~64페이지 참조).

#38 식탁 매트 만드는 방법

※ 바늘땀이 잘 보이도록 재봉실의 색을 바꾸어 사용했습니다. 실제로 만들 때는 원단에 어울리는 색을 사용하세요.

:: 재료 준비하기

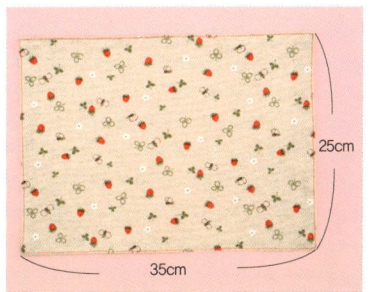

겉감(코튼리넨 프린트) 80×30cm

※ 부록은 도안 B면 38을 사용합니다.

25cm

35cm

❶ 테두리 박기

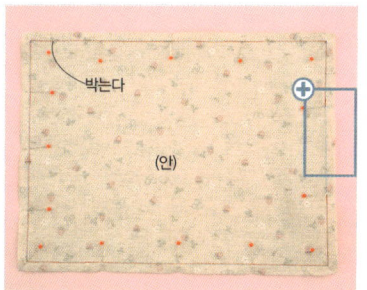

박는다

(안)

1 식탁 매트 두 장을 겉끼리 맞댄 다음, 창구멍을 8~10cm 정도 남기고 나머지 테두리를 박습니다.

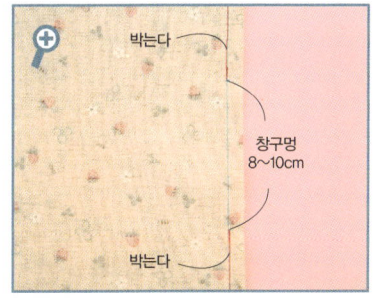

박는다

창구멍
8~10cm

박는다

1-1 확대한 모습

(안)

창구멍

2 창구멍의 시접은 가름솔로 벌려 다립니다. 창구멍을 제외한 나머지 시접은 안쪽으로 접어서 다립니다.

❷ 뒤집기

1 창구멍으로 손을 넣어서 겉이 보이도록 뒤집습니다. 송곳을 이용해서 바닥 모서리를 깔끔하게 빼내어 정리합니다.

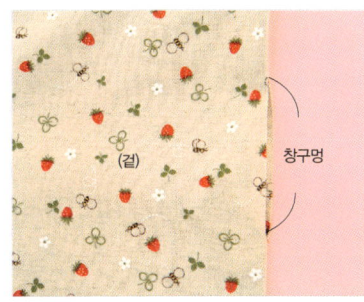

(겉)

창구멍

2 창구멍을 겹쳐줍니다.

박는다

3 테두리는 0.1cm 안쪽을 박음질합니다. 완성.

0.1cm

박는다

3-1 확대한 모습

#39

#40

#41

아플리케 도시락 소품

심플 & 베이직 도시락 소품과 같은 디자인의 도시락 파우치, 컵 파우치, 식탁 매트에 아플리케를 해서 깜찍함을 더해주었어요. 영리해 보이는 강아지와 깜찍한 병아리로 세트를 만들어보세요. 꼬리가 움직이기 때문에 아이들이 즐거워한답니다.

#42

#43

#44

강아지 세트 | #39 컵 파우치 · #40 도시락 파우치 · #41 식탁 매트

:: 재료 준비하기

#39~41 세트로 만들 경우

겉감(코튼 프린트) 90×60cm

식탁 매트 뒤판 원단(코튼 브로드) 40×30cm

펠트(베이지색) 20×10cm

펠트(밤색) 15×5cm

스트링 면끈 0.5×190cm

장식구슬 3개

25번 자수실(베이지색 · 밤색 · 빨간색) 약간

※ 도안은 부록 B면 35, 36, 38을 사용합니다.
　아플리케 도안은 B면에 있습니다.

#39의 재료

겉감(코튼 프린트) 25×50cm

펠트(베이지색) 10×10cm

펠트(밤색) 5×5cm

스트링 면끈 0.5×50cm

장식구슬 1개

25번 자수실(베이지색 · 밤색 · 빨간색) 각 약간

#40의 재료

겉감(코튼 프린트) 35×55cm

펠트(베이지색) 10×10cm

펠트(밤색) 5×5cm

스트링 면끈 0.5×140cm

장식구슬 2개

25번 자수실(베이지색 · 밤색 · 빨간색) 각 약간

#41의 재료

앞판 원단(코튼 프린트) 40×30cm

뒤판 원단(코튼 브로드) 40×30cm

펠트(베이지색) 10×10cm

펠트(밤색) 5×5cm

25번 자수실(베이지색 · 밤색 · 빨간색) 각 약간

:: 마름질하기

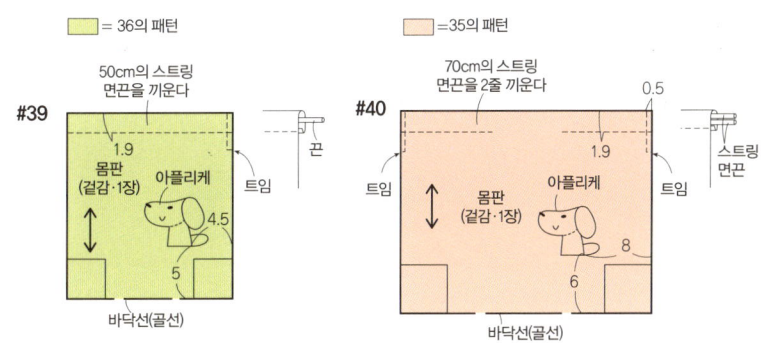

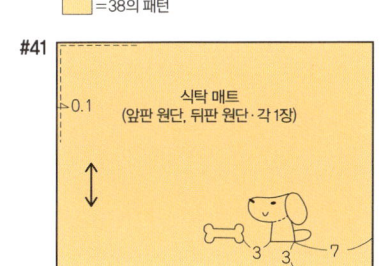

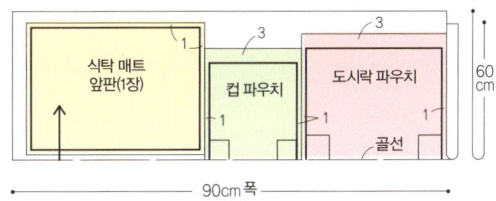

39~41 겉감의 재단배치도

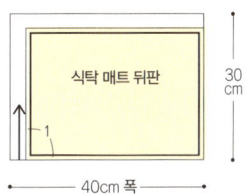

식탁 매트 뒤판 원단의 재단배치도

:: 만드는 방법

※ #35~38의 만드는 방법과 같습니다. 62~67페이지를 참조하세요.

:: 장식구슬 끼워 넣는 방법

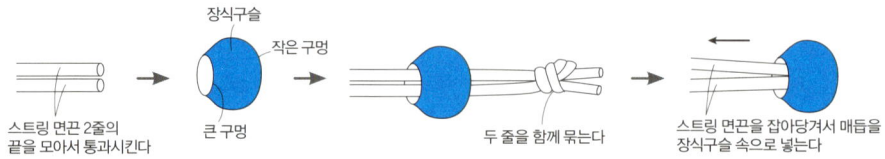

스트링 면끈 2줄의
끝을 모아서 통과시킨다

장식구슬
작은 구멍
큰 구멍

두 줄을 함께 묶는다

스트링 면끈을 잡아당겨서 매듭을
장식구슬 속으로 넣는다

:: 완성

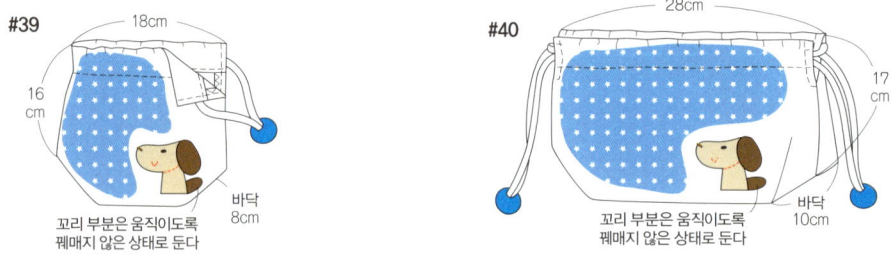

#39
18cm
16
cm

바닥
8cm

꼬리 부분은 움직이도록
꿰매지 않은 상태로 둔다

#40
28cm
17
cm

바닥
10cm

꼬리 부분은 움직이도록
꿰매지 않은 상태로 둔다

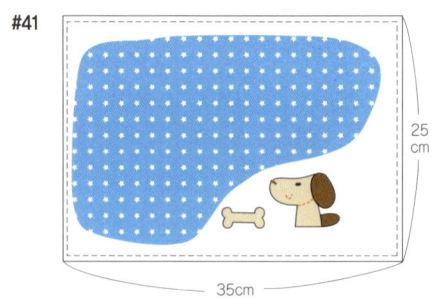

#41
25
cm
35cm

:: 재료 준비하기

#42~44 세트로 만들 경우

겉감(코튼 프린트) 90×60cm

식탁 매트 뒤판 원단(코튼 브로드) 40×30cm

펠트(노란색) 20×10cm

펠트(오렌지색) 5×5cm

스트링 면끈 0.5×190cm

장식구슬 3개

25번 자수실(노란색·오렌지색·갈색·빨간색)
약간

※ 도안은 부록 B면 3, 36, 38을 사용합니다. 아플리케 도
안은 B면에 있습니다.

#42의 재료

겉감(코튼 프린트) 35×55cm

펠트(노란색) 10×5cm

펠트(오렌지색) 3×3cm

스트링 면끈 0.5×140cm

장식구슬 2개

25번 자수실(노란색·오렌지색·갈색·빨간색)
약간

#43의 재료

겉감(코튼 프린트) 25×50cm

펠트(노란색) 10×5cm

펠트(오렌지색) 3×3cm

스트링 면끈 0.5×50cm

장식구슬 1개

25번 자수실(노란색·오렌지색·갈색·빨간색)
약간

#44의 재료

앞판 원단(코튼 프린트) 40×30cm

뒤판 원단(코튼 브로드) 40×30cm

펠트(노란색) 10×10cm

펠트(오렌지색) 3×3cm

25번 자수실(노란색·오렌지색·갈색·빨간색)
약간

:: 마름질하기

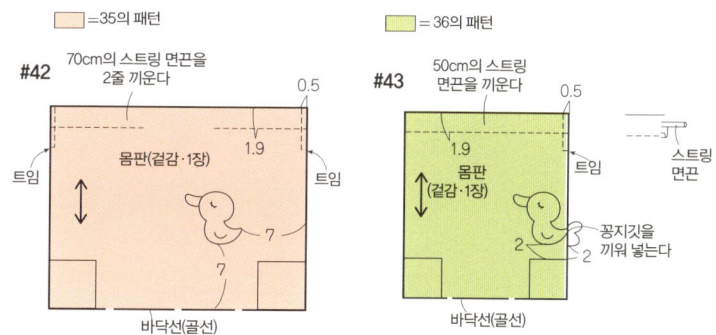

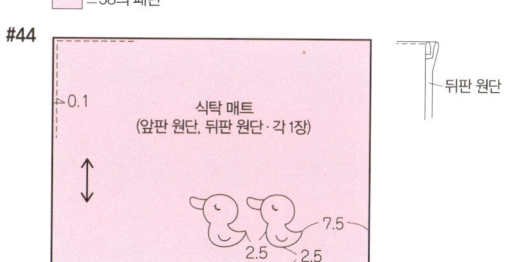

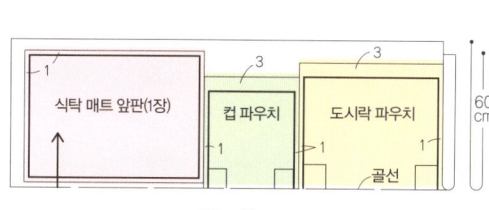

42~44 겉감의 재단배치도

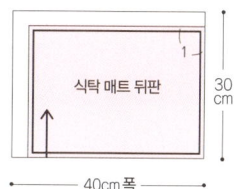

식탁 매트 뒤판 원단의 재단배치도

:: 만드는 방법

※ #35～38의 만드는 방법과 같습니다. 62～67페이지를 참조하세요.

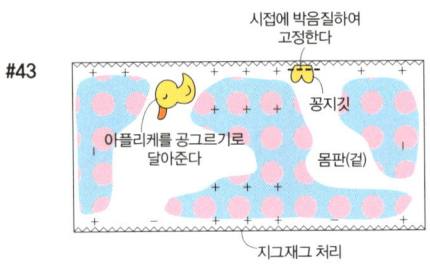

#43

시접에 박음질하여
고정한다

꽁지깃

아플리케를 공그르기로
달아준다

몸판(겉)

지그재그 처리

1 아플리케를 달고, 꽁지깃을 박음질하여 달아준다.

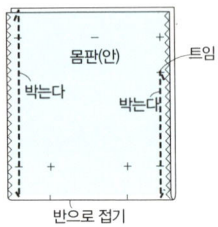

몸판(안)

트임

박는다

박는다

반으로 접기

2 옆선을 박는다.

:: 완성

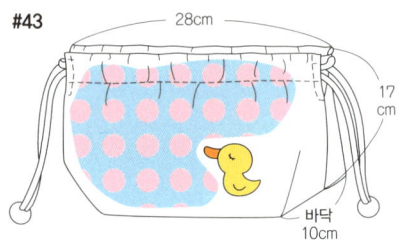

#43

28cm

17
cm

바닥
10cm

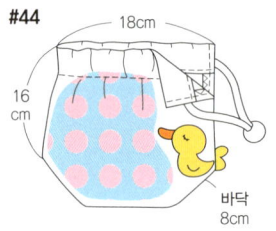

#44

18cm

16
cm

바닥
8cm

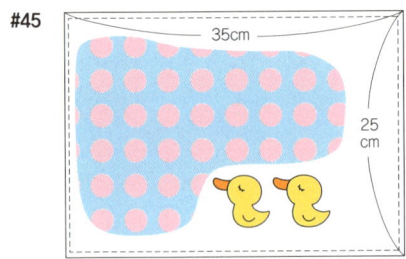

#45

35cm

25
cm

#47

#46

#45

#48

인기 있는 잔꽃무늬와 내추럴한 무지원단을 매치하고 레이스와 리본으로 장식하여
여성스러운 디자인으로 꾸며보았습니다.
토트백 스타일의 도시락 가방에는 식탁 매트와 수저 파우치, 컵 파우치가 쏙 들어가요.

디자인·제작 _ 가토 요코

분위기에 어울리는
이름표를 달아주세요.

:: 재료 준비하기

#45~48 세트로 만들 경우

A원단(코튼리넨 캔버스) 110×80cm
B원단(코튼 프린트) 80×60cm
사다리 레이스 1.2×205cm
새틴리본 0.4×280cm
코튼 테이프 0.7×80cm

※ 도안은 들어있지 않습니다. 제도방법을 보고 도안을
만드세요.

※ 사다리 레이스에 새틴리본을 끼워서 사용합니다.

#45의 재료

B원단(코튼 프린트) 15×55cm
사다리 레이스 1.2×30cm
새틴리본 0.4×45cm
코튼 테이프 0.7×30cm

#46의 재료

A원단(코튼리넨 캔버스) 25×55cm
사다리 레이스 1.2×55cm
새틴리본 0.4×75cm
코튼 테이프 0.7×50cm

#47의 재료

A원단(코튼리넨 캔버스) 65×45cm
B원단(코튼 프린트) 35×25cm
사다리 레이스 1.2×70cm
새틴리본 0.4×90cm

#48의 재료

A원단(코튼리넨 캔버스) 80×30cm
B원단(코튼 프린트) 40×20cm
사다리 레이스 1.2×70cm
새틴리본 0.4×95cm

※ 식탁 매트 뒤판은 패치를 하지 않으므로 원단을 자
르지 않고 이어서 재단합니다.

:: 마름질하기

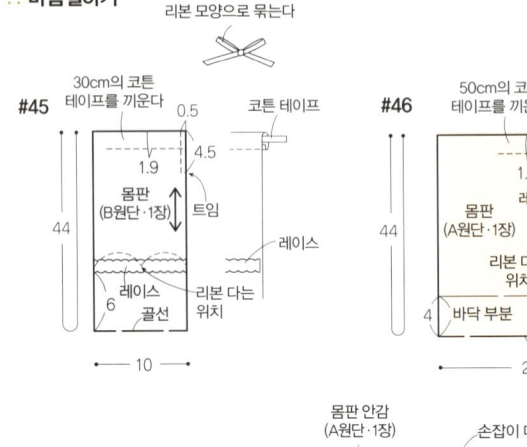

#45

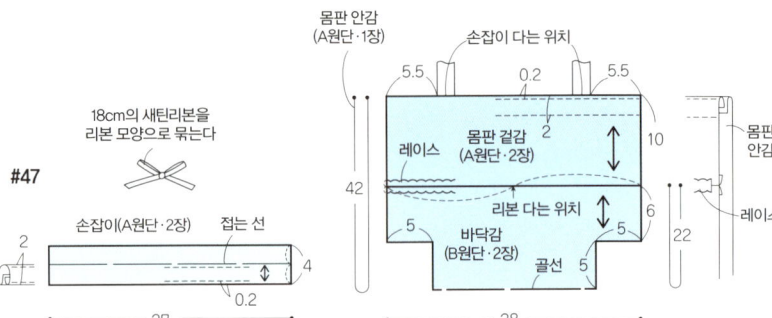

#46

#47

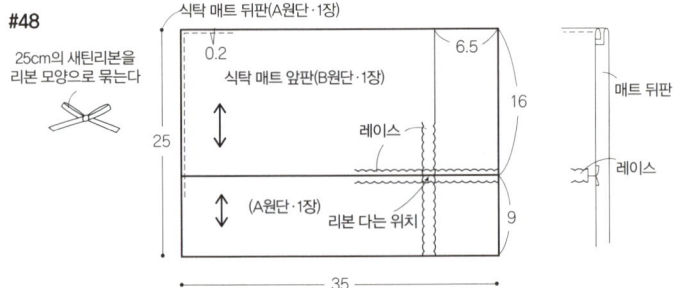

#48

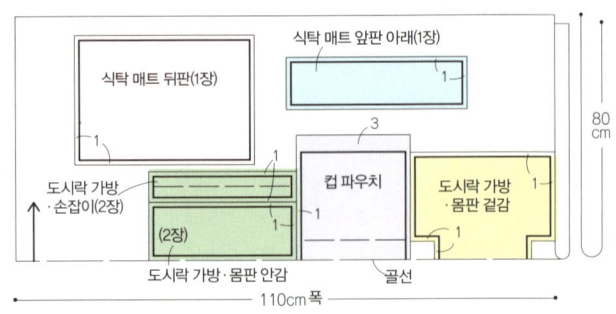

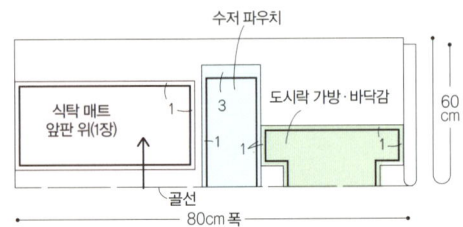

45~48 B원단의 재단배치도

45~48 A원단의 재단배치도

:: **만드는 방법**　　※ 더욱 자세한 방법은 79페이지 #52를 참조하세요.

#48　　**1** A원단과 B원단을 겉끼리 맞대어 박는다.

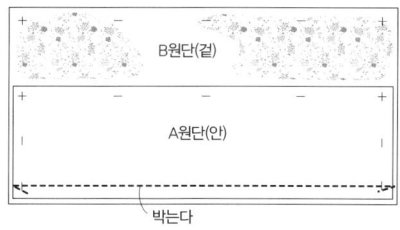

B원단(겉)

A원단(안)

박는다

2 사다리 레이스를 단다.

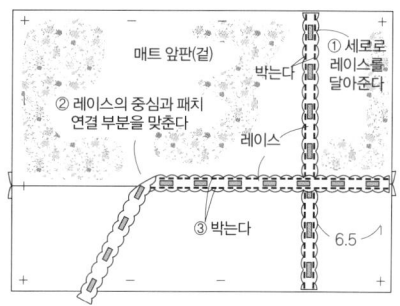

매트 앞판(겉)

① 세로로 레이스를 달아준다

② 레이스의 중심과 패치 연결 부분을 맞춘다

박는다

레이스

③ 박는다

6.5

사다리 레이스 만드는 방법

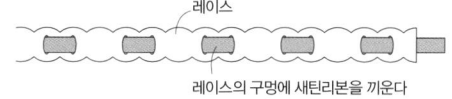

레이스

레이스의 구멍에 새틴리본을 끼운다

→

원하는 위치에 새틴리본으로 만든 리본을 꿰매 달아준다

:: **완성**　　※ 더욱 자세한 방법은 78~79페이지 #49~52를 참조하세요.

#45

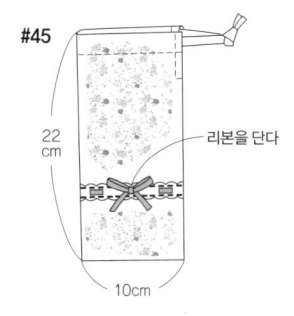

22 cm

리본을 단다

10cm

#46

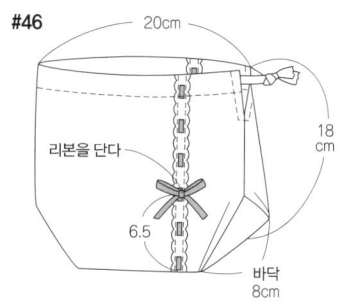

20cm

리본을 단다

6.5

18 cm

바닥 8cm

#47

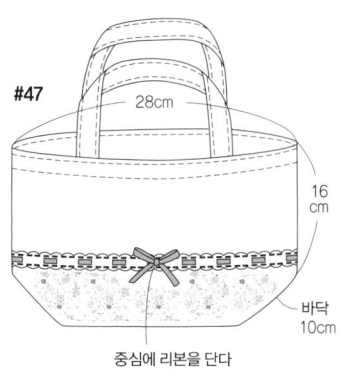

28cm

16 cm

바닥 10cm

중심에 리본을 단다

#48

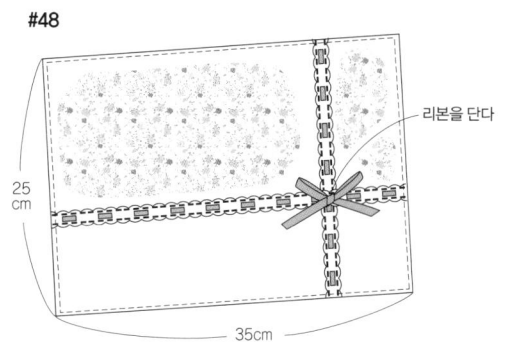

리본을 단다

25 cm

35cm

삼색의 프렌치 테이프를 달아서 더욱 상쾌한 느낌이 드는 도시락 세트입니다.
닻과 물고기 모양의 포인트 자수 덕분에 자연스럽고 편안한 핸드메이드의 느낌이
나지요.

디자인·제작 _ 가토 요코

:: 재료 준비하기

#49~52 세트로 만들 경우

A원단(선염 코튼리넨·베이지색)
110×80cm
B원단(선염 코튼리넨·하늘색)
80×60cm
프렌치 테이프 1×171cm
코튼 테이프 0.7×80cm
25번 자수실(남색) 약간

※ 도안은 들어있지 않습니다. 원단에 직접 그
려서 재단하거나 제도방법을 보고 도안을
만드세요. 자수 도안은 B면에 있습니다.

#49 재료

B원단(선염 코튼리넨·하늘색)
15×50cm
프렌치 테이프 1×24cm
코튼 테이프 0.7×30cm
25번 자수실(남색) 약간

#50 재료

A원단(선염 코튼리넨·베이지색)
65×50cm
B원단(선염 코튼리넨·하늘색)
35×25cm
프렌치 테이프 1×60cm
25번 자수실(남색) 약간

#51 재료

A원단(선염 코튼리넨·베이지색)
25×50cm
프렌치 테이프 1×50cm
코튼 테이프 0.7×50cm
25번 자수실(남색) 약간

#52 재료

A원단(선염 코튼리넨·베이지색)
80×30cm
B원단(선염 코튼리넨·하늘색)
40×20cm
프렌치 테이프 1×37cm
25번 자수실(남색) 약간

:: 마름질하기

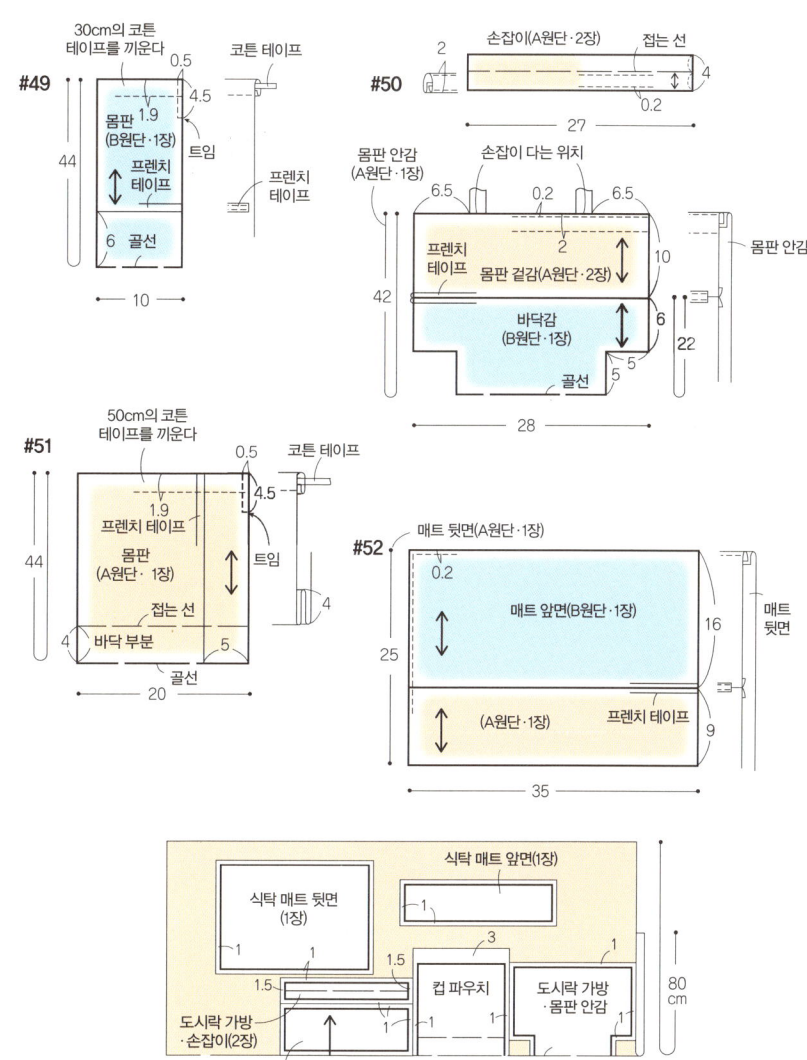

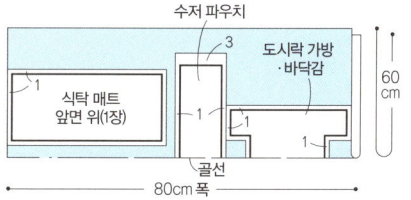

49~52 A원단의 재단배치도

49~52 B원단의 재단배치도

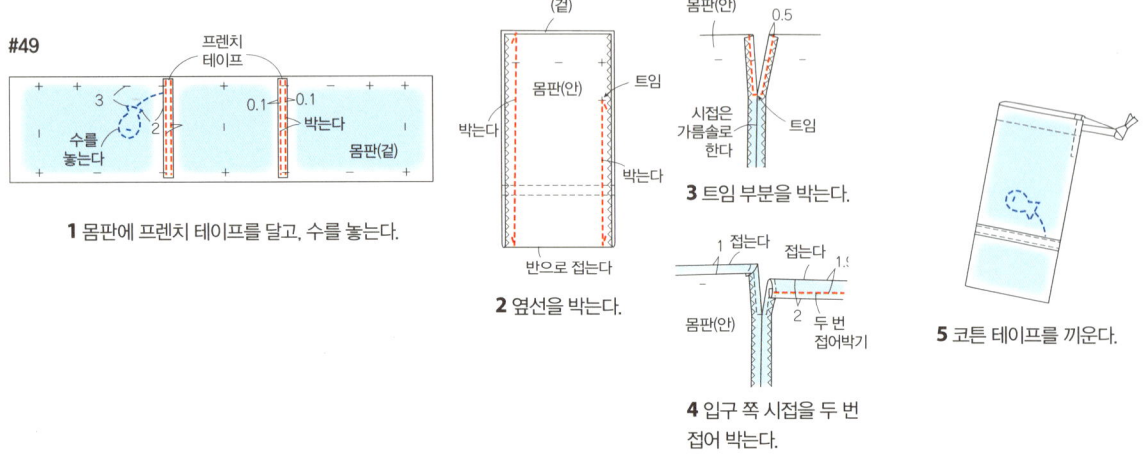

#49

1 몸판에 프렌치 테이프를 달고, 수를 놓는다.

2 옆선을 박는다.

3 트임 부분을 박는다.

4 입구 쪽 시접을 두 번 접어 박는다.

5 코튼 테이프를 끼운다.

#50

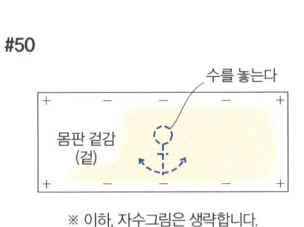

※ 이하, 자수그림은 생략합니다.

1 앞몸판에 수를 놓는다.

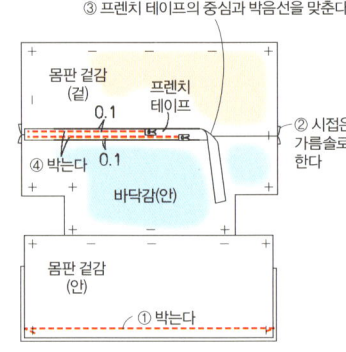

2 몸판과 바닥감을 박는다.
3 몸판과 바닥감의 패치 연결 부분에 프렌치 테이프를 단다.

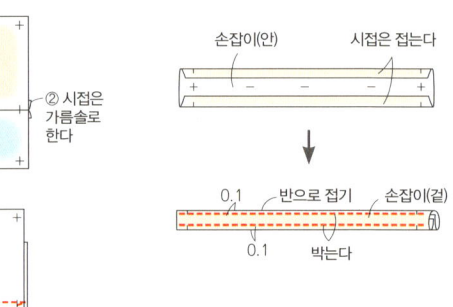

4 손잡이를 만든다.

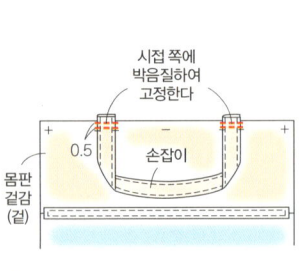

5 손잡이를 단다.

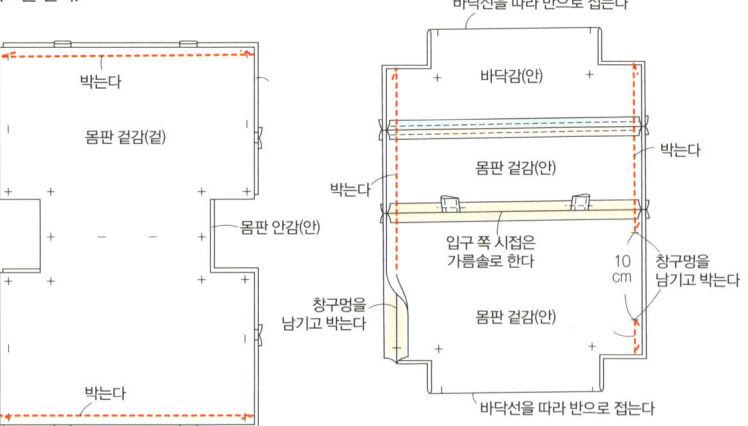

6 몸판의 겉감과 안감을 겉끼리 맞댄 다음, 입구둘레를 박는다.

7 바닥선을 따라 반으로 접어준 다음, 겉감과 안감의 옆선을 이어서 박는다. 몸판 안감에 창구멍을 만든다.

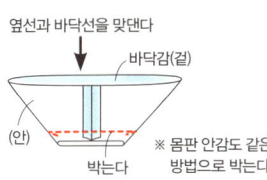

옆선과 바닥선을 맞댄다

바닥감(겉)

(안)

박는다

※ 몸판 안감도 같은 방법으로 박는다

8 옆선과 바닥선을 맞댄 다음, 바닥을 박는다.

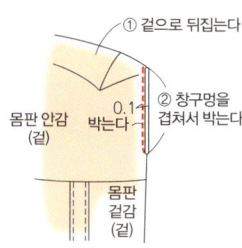

① 겉으로 뒤집는다

② 창구멍을 겹쳐서 박는다

몸판 안감(겉)

0.1 박는다

몸판 겉감(겉)

9 겉으로 뒤집은 다음, 창구멍을 박음질하여 막아준다.

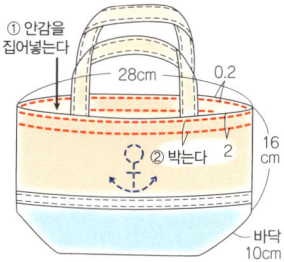

① 안감을 집어넣는다

28cm

0.2

② 박는다

2

16cm

바닥 10cm

10 겉감 속에 안감을 집어넣는다. 입구둘레를 박는다.

#51

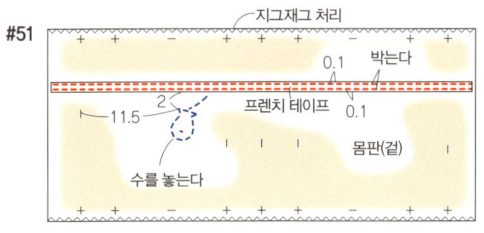

지그재그 처리

박는다

0.1

0.1

11.5

2

프렌치 테이프

수를 놓는다

몸판(겉)

1 몸판에 프렌치 테이프를 달고, 수를 놓는다.

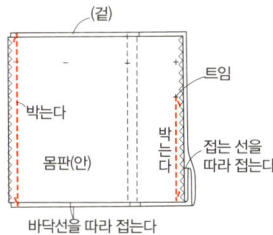

(겉)

박는다

몸판(안)

박는다

트임

접는 선을 따라 접는다

바닥선을 따라 접는다

2 접는 선을 따라 바닥 부분을 접는다. 이 때 바닥선이 몸판의 사이에 들어가도록 접는다. 옆선을 박는다.

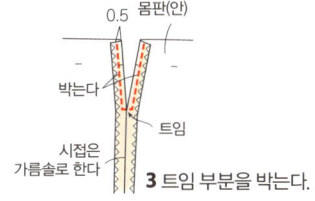

0.5

몸판(안)

박는다

트임

시접은 가름솔로 한다

3 트임 부분을 박는다.

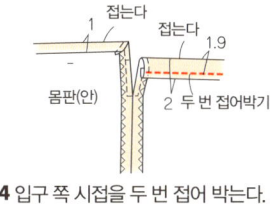

1

접는다

접는다

1.9

몸판(안)

2 두 번 접어박기

4 입구 쪽 시접을 두 번 접어 박는다.

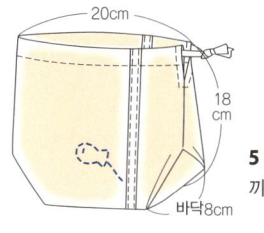

20cm

18cm

바닥8cm

5 코튼 테이프를 끼운다.

#52

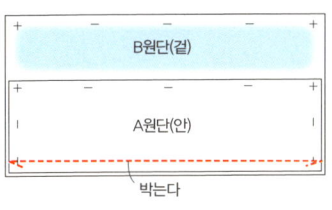

B원단(겉)

A원단(안)

박는다

1 매트 앞면의 A원단과 B원단을 겉끼리 맞대어 합봉한다.

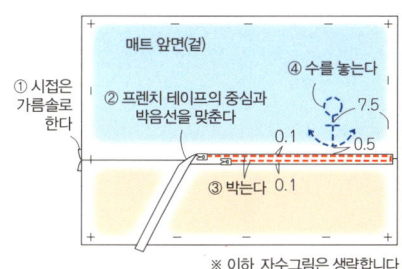

매트 앞면(겉)

① 시접은 가름솔로 한다

② 프렌치 테이프의 중심과 박음선을 맞춘다

④ 수를 놓는다

7.5

0.1

0.5

③ 박는다 0.1

2 패치 연결 부분에 프렌치 테이프를 달고, 수를 놓는다.

※ 이하, 자수그림은 생략합니다.

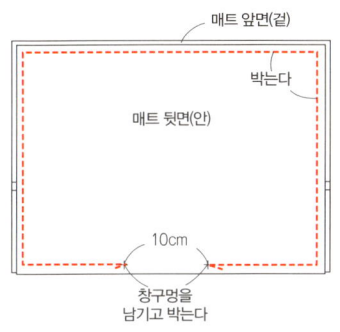

매트 앞면(겉)

박는다

매트 뒷면(안)

10cm

창구멍을 남기고 박는다

3 매트 앞면과 뒷면을 겉끼리 맞댄 다음, 창구멍을 10cm 정도 남기고 나머지 테두리를 박는다.

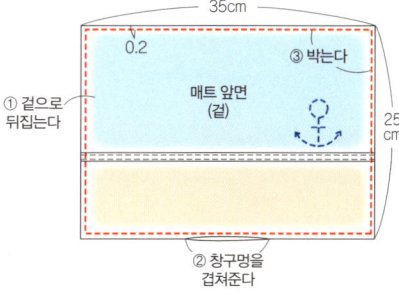

35cm

0.2

③ 박는다

① 겉으로 뒤집는다

매트 앞면 (겉)

25cm

② 창구멍을 겹쳐준다

4 겉으로 뒤집은 다음, 테두리를 박는다.

#54

#56

#53

#55

상큼한 색상의 원단을 사용한 도시락 4종 세트입니다.
단란한 곰 가족의 휴일을 자수 와펜으로 표현하여 포인트를 주었어요.
컵 파우치와 도시락 파우치는 바닥면이 있어 넉넉한 사이즈랍니다.

디자인·제작 _ 이치류 마유미

80

:: 재료 준비하기

#53~56 세트로 만들 경우

A원단(도트 프린트) 110×50cm

B원단(코튼 브로드) 100×45cm

웨이브 블레이드 0.5×153cm

오시도리 면끈 0.3×300cm

와펜·해님과 구름, 새와 나무 1쌍

와펜·자동차 1장

와펜·곰 세 마리 1쌍

와펜·그네 1장

※ 도안은 들어있지 않습니다. 제도방법을
　보고 도안을 만드세요.

#53의 재료

A원단(도트 프린트) 40×50cm

B원단(코튼 브로드) 40×10cm

웨이브 블레이드 0.5×37cm

와펜·해님과 구름 1장

와펜·자동차 1장

#54의 재료

A원단(도트 프린트) 20×20cm

B원단(코튼 브로드) 40×20cm

웨이브 블레이드 0.5×40cm

오시도리 면끈 0.3×100cm

와펜·새 1장

와펜·아빠 곰 1장

#55의 재료

A원단(도트 프린트) 20×20cm

B원단(코튼 브로드) 10×20cm

웨이브 블레이드 0.5×18cm

오시도리 면끈 0.3×60cm

와펜·엄마 곰 아기 곰 각 1장

#56의 재료

A원단(도트 프린트) 60×30cm

B원단(코튼 브로드) 60×15cm

웨이브 블레이드 0.5×58cm

오시도리 면끈 0.3×140cm

와펜·나무 1장

와펜·그네 1장

:: 마름질하기

#53

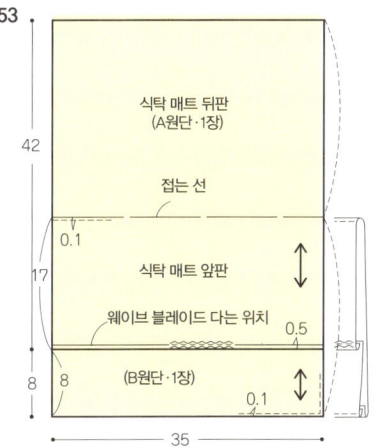

#54

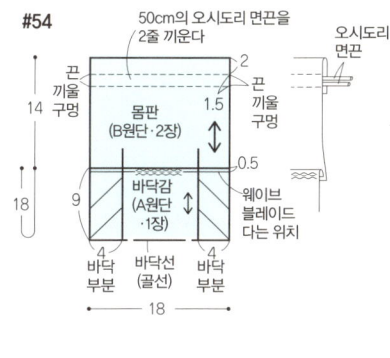

#55

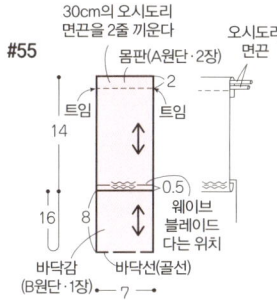

#56

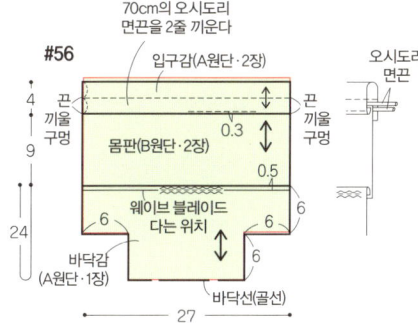

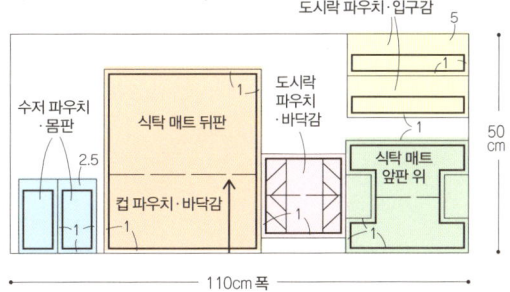

53~56 A원단의 재단배치도

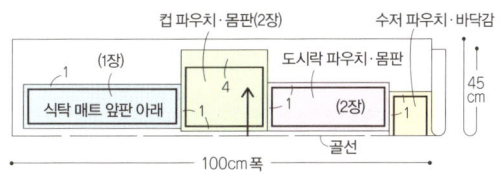

53~56 B원단의 재단배치도

#53

1 A원단과 B원단을 겉끼리
맞대어 박는다.

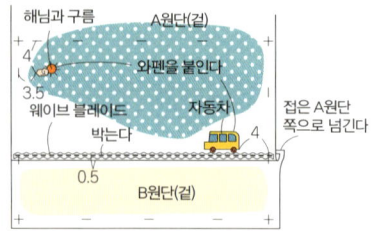

2 패치 연결 부분에 웨이브 블레이드를
달아준 다음, 와펜을 붙인다.

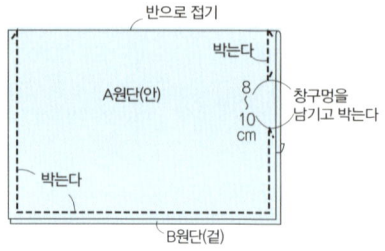

3 접는 선을 따라 반으로 접은 다음,
테두리를 박는다.

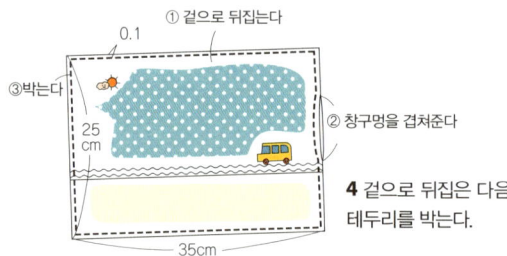

4 겉으로 뒤집은 다음,
테두리를 박는다.

#54

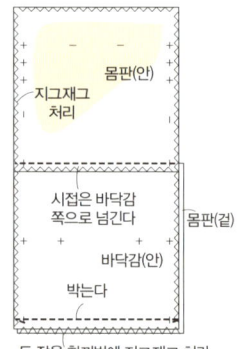

1 몸판과 바닥감을 박는다.

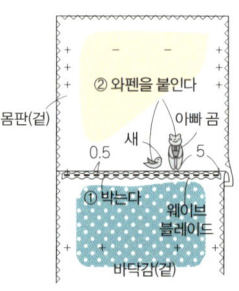

2 패치 연결 부분에 웨이브 블레이드를
달아준 다음, 와펜을 붙인다.

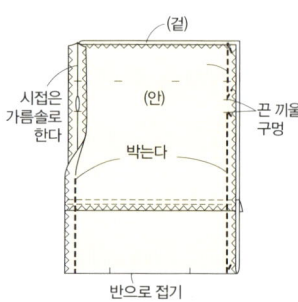

3 끈 끼울 구멍만 남기고
옆선을 박는다.

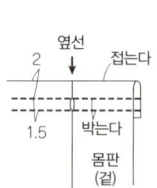

4 끈이 들어갈 위치를
박음질해준다.

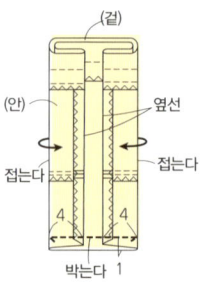

5 양쪽의 바닥 부분을 접는다. 바닥선에서
안쪽으로 1cm 들어간 부분을 박는다.

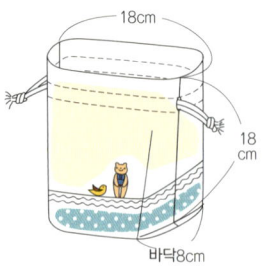

6 오시도리 면끈을 끼운다.

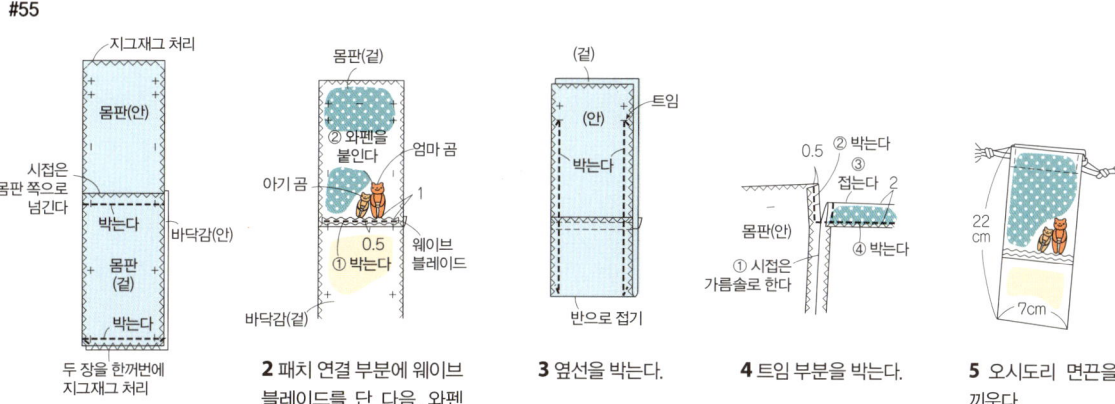

#55

지그재그 처리

몸판(안)

시접은
몸판 쪽으로
넘긴다

박는다

바닥감(안)

몸판
(겉)

박는다

두 장을 한꺼번에
지그재그 처리

1 몸판과 바닥감을 박는다.

몸판(겉)

② 와펜을
붙인다   엄마 곰

아기 곰

0.5
① 박는다   웨이브
블레이드

바닥감(겉)

1

2 패치 연결 부분에 웨이브
블레이드를 단 다음, 와펜
을 붙인다.

(겉)

(안)   트임

박는다

반으로 접기

3 옆선을 박는다.

0.5   ② 박는다
③
접는다 2
④ 박는다

몸판(안)

① 시접은
가름솔로 한다

4 트임 부분을 박는다.

22
cm

7cm

5 오시도리 면끈을
끼운다.

#56

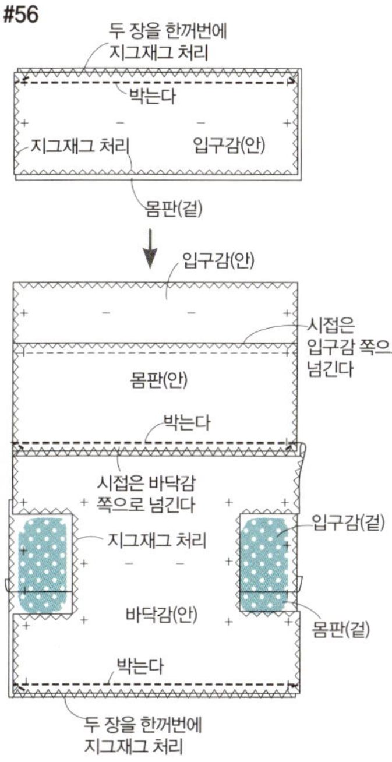

두 장을 한꺼번에
지그재그 처리

박는다

지그재그 처리   입구감(안)

몸판(겉)

입구감(안)

시접은
입구감 쪽으로
넘긴다

몸판(안)

박는다

시접은 바닥감
쪽으로 넘긴다

지그재그 처리   입구감(겉)

바닥감(안)   몸판(겉)

박는다

두 장을 한꺼번에
지그재그 처리

1 몸판과 바닥감을 박는다.

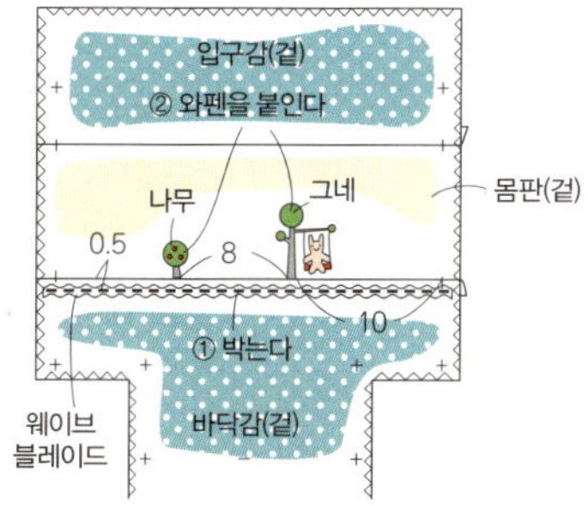

입구감(겉)

② 와펜을 붙인다

나무   그네

0.5   8

① 박는다   10

몸판(겉)

웨이브
블레이드   바닥감(겉)

2 패치 연결 부분에 웨이브 블레이드를
달아준 다음, 와펜을 붙인다.

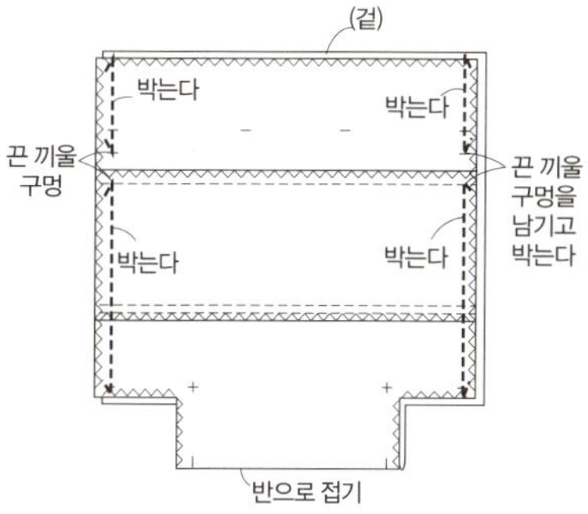

(겉)

박는다   박는다

끈 끼울
구멍   끈 끼울
구멍을
남기고
박는다

박는다   박는다

반으로 접기

3 옆선을 박는다.

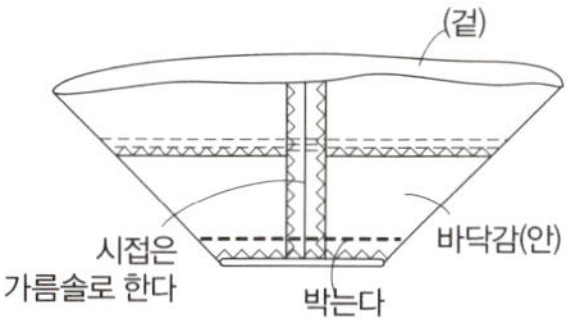

(겉)

시접은
가름솔로 한다   바닥감(안)

박는다

4 트임 부분을 박는다.

옆선

2 ↓ 접는다

박는다 0.3   끈 끼울
구멍   몸판(겉)

바닥감(겉)

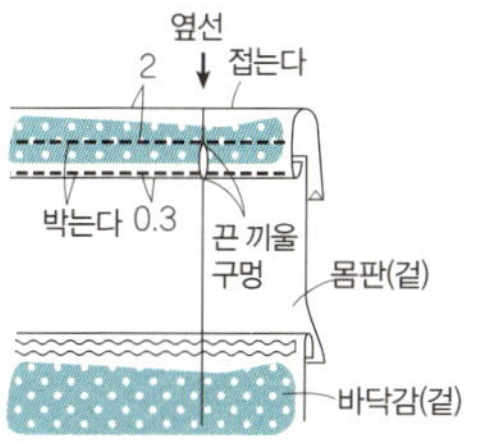

5 입구 쪽 시접을 접고, 끈이
들어갈 위치를 박음질한다.

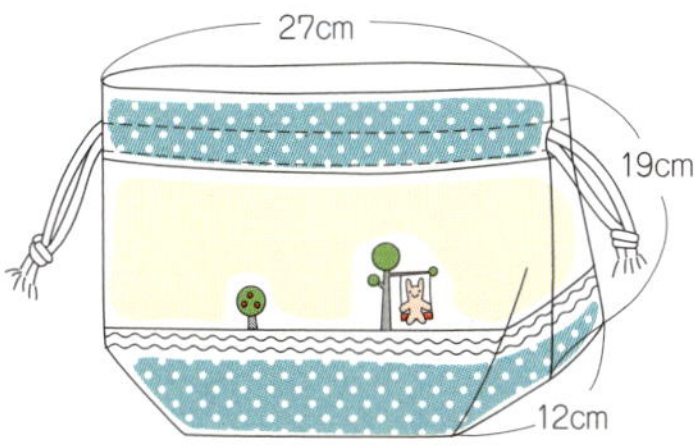

27cm

19cm

12cm

6 오시도리 면끈을 끼운다.

83

#58

#60

#59

#57

무지원단에 꽃무늬 원단을 패치하여 만들었어요.

거기에 꽃이 이어져 있는 장식 테이프로 귀여운 포인트를 주었습니다.

도시락 파우치는 도시락 크기에 맞춰 각을 살려서 디자인했어요.

빨간 모자 소녀와 늑대 와펜을 달아 〈빨간 모자〉 동화를 떠올리도록 하였습니다.

디자인·제작 _ 이치류 마유미

빨간 모자 세트 | #57 식탁 매트 · #58 도시락 파우치 · #59 수저 파우치 · #60 컵 파우치

:: **재료 준비하기**

#57~60 세트로 만들 경우

A원단(코튼 프린트) 100×50cm

B원단(코튼 브로드) 90×35cm

단추 지름 2cm 1개

장식 테이프 1×113cm

오시도리 면끈 0.3×167cm

와펜·버섯 다람쥐 사과 1쌍

와펜·빨간 모자 소녀 늑대 1쌍

와펜·집 1쌍

와펜·꽃 1쌍

※ 도안은 들어있지 않습니다. 제도방법을
보고 도안을 만드세요.

#57의 재료

A원단(코튼 프린트) 40×50cm

B원단(코튼 브로드) 40×15cm

장식 테이프 1×37cm

와펜·빨간 모자 소녀 1장

와펜·집 1장

와펜·꽃 1쌍

#58의 재료

A원단(코튼 프린트) 25×35cm

B원단(코튼 브로드) 60×35cm

단추 지름 2cm 1개

장식 테이프 1×18cm

오시도리 면끈 0.3×7cm

와펜·버섯, 다람쥐 각 1장

#59의 재료

A원단(코튼 프린트) 20×20cm

B원단(코튼 브로드) 10×20cm

장식 테이프 1×18cm

오시도리 면끈 0.3×60cm

와펜·사과 1장

#60의 재료

A원단(코튼 프린트) 45×20cm

B원단(코튼 브로드) 25×25cm

장식 테이프 1×40cm

오시도리 면끈 0.3×100cm

와펜·늑대 1장

와펜·집 1장

※ 자세한 방법은 82~83페이지 #53~55를 참고하세요.

:: **마름질하기**

#57

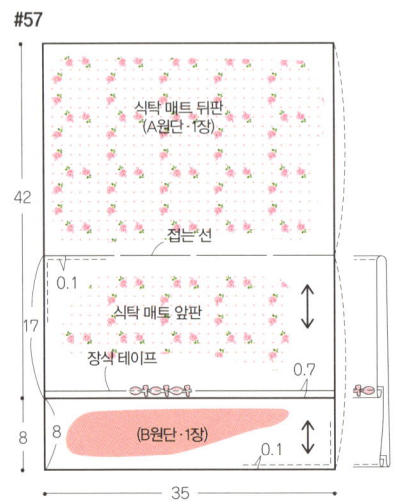

#58

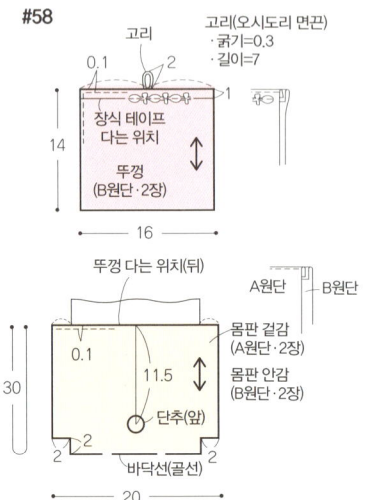

#59

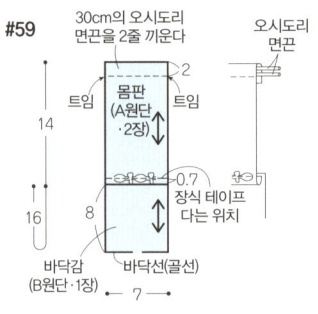

#60

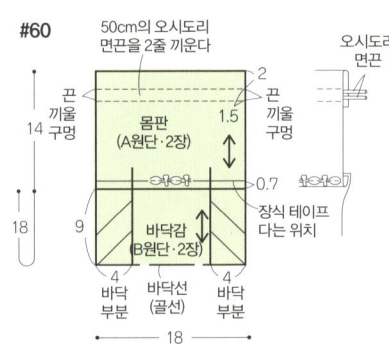

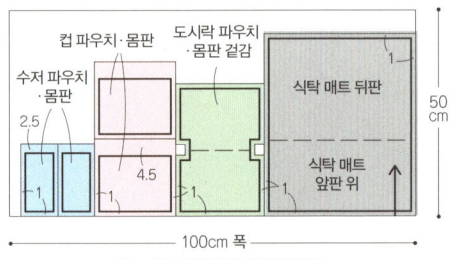

57~60 A원단의 재단배치도

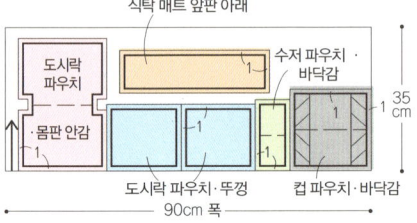

57~60 B원단의 재단배치도

:: **만드는 방법**

#58

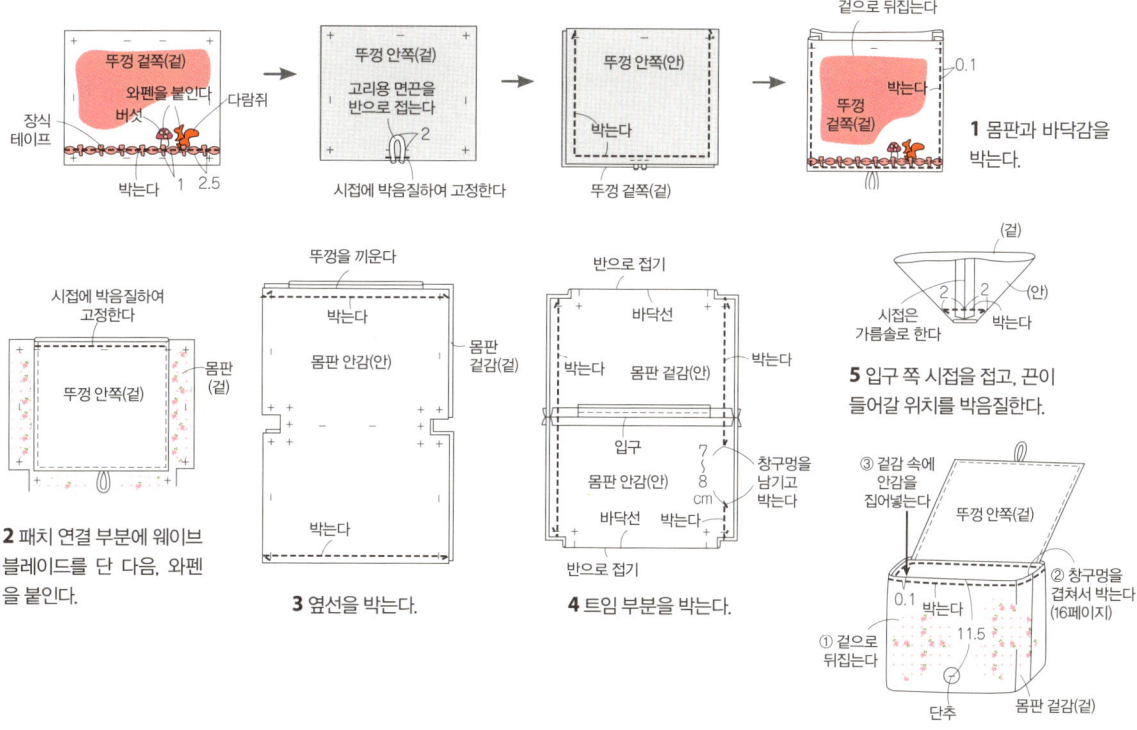

1 몸판과 바닥감을 박는다.

2 패치 연결 부분에 웨이브 블레이드를 단 다음, 와펜을 붙인다.

3 옆선을 박는다.

4 트임 부분을 박는다.

5 입구 쪽 시접을 접고, 끈이 들어갈 위치를 박음질한다.

6 오시도리 면끈을 끼운다.

:: **완성**

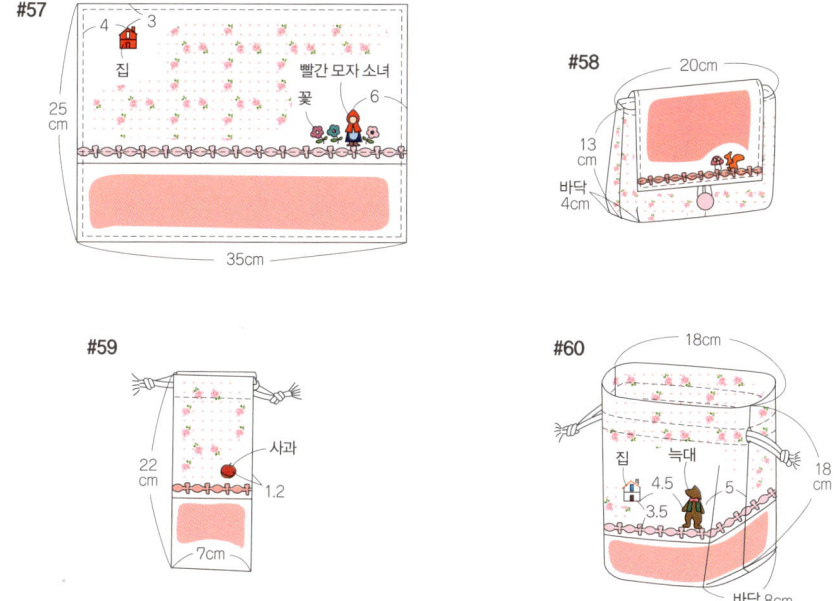

도시락을 단단하게 고정할 수 있는 도시락 밴드입니다.
엄마표로 만들어주면 아이가 더욱 좋아할 거예요.
때가 타기 쉬운 아이템이니 여러 개를 만들어서 준비해두세요.

디자인·제작 _ 기쿠치 지하루

:: 재료 준비하기

#61~66의 재료(1개분)

고무밴드 2×28cm

바탕감(캔버스) 각 색상 4×6cm

펠트 각 색상 2×2cm

25번 자수실 각 색상 약간

패브릭 본드

※ 아플리케는 패브릭 본드로 임시 고정
하세요. 펠트 색상에 어울리는 자수실
(1가닥)을 사용하여 공그르기로 달아
줍니다.

:: 바탕감 마름질하기

61·66 · 아이보리색
62·65 · 남색
63·64 · 빨간색

시접 없이 재단

:: 만드는 방법

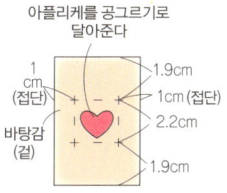

아플리케를 공그르기로
달아준다

바탕감
(겉)

1 바탕감의 중심에 아플리케를
달아준다.

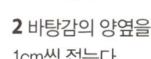

2cm

바탕감
(겉)

접는다

2 바탕감의 양옆을
1cm씩 접는다.

고무밴드

1.5cm 겹쳐준다

박는다

3 고무밴드의 양 끝을 1.5cm
겹쳐서 두 줄로 박는다.

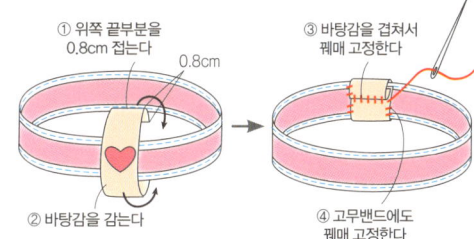

① 위쪽 끝부분을
0.8cm 접는다

② 바탕감을 감는다

③ 바탕감을 겹쳐서
꿰매 고정한다

④ 고무밴드에도
꿰매 고정한다

4 고무밴드의 이음매 위에 바탕감을 감는다.

:: 완성

#61

#62

#63

#64

#65

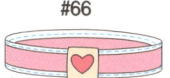
#66

:: 실물크기의 아플리케 도안

#61
백S
(연두색·1가닥)

스트레이트S
(갈색·3가닥)

(진녹색)

(빨간색)

#62
(오렌지색)

러닝S

(노란색)

(분홍색)

(민트색)

#63
프렌치너트S

(밤색·1가닥)

스트레이트S

(크림색)

#64
(흰색)

(파란색)

러닝S(빨간색)

#65
백S(연두색)

(오렌지색·3가닥)

프렌치너트S

(노란색)

(하늘색)

스트레이트S(오렌지색)

#66
(분홍색)

※ '프렌치너트S' 등 자수 명칭의 마지막에 있는 'S'는 '스티치'의 약자입니다.
※ 지정 이외는 모두 2가닥으로 수놓습니다.
※ '프렌치너트S'는 2번 감기로 수놓습니다.
※ 아플리케는 '공그르기'로 답니다.

Part 3

놀이옷 & 편리한 가방

미술 놀이할 때 꼭 필요한 미술 가운과 요리할 때 편리하게 사용할 수 있는
앞치마 세트입니다. 아이가 좋아하는 무늬의 천으로 직접 만들어 주세요.
크로스로 멜 수 있는 가방과 배낭, 여러 종류의 파우치도 소개합니다.
용도에 맞게 준비해 두면 유용하게 사용할 수 있어 좋아요.

미술 가운

평상복처럼 입을 수 있는 넉넉한 미술 가운입니다. 앞판의 양옆에 주머니를 달아두면 앞뒤를 구분하기 편하답니다. 크레파스나 찰흙이 묻더라도 눈에 잘 띄지 않는 무늬를 골라 만드세요.

#67

#68

여자 아이용 미술 가운은 핑크 컬러의 딸기 무늬 원단으로 만들었어요.
옷자락에 프릴을 달아서 깜찍함을 더해주었습니다.
남자 아이용 미술 가운은 블루 컬러의 자동차 그림이 그려진 원단으로 만들었어요.
미술 가운을 입고 미술 놀이를 하는 모습이 너무 귀여워요.
미술 가운은 신장 90cm, 100cm, 110cm, 120cm의 네 가지 사이즈로 만들 수 있습니다.

제작 _ 가네마루 가호리

:: **재료 준비하기**

#67의 재료

겉감(옥스퍼드 프린트) 110cm폭

①110cm ②120cm ③140cm ④140cm

고무밴드 0.8cm폭

①79cm ②83cm ③86cm ④89cm

바이어스테이프 1.27cm×약 1m

※ 도안은 부록 A면 67·68을 사용합니다. 프릴의 도안
은 들어있지 않습니다. 제도방법을 보고 도안을 만
드세요.

#68의 재료

겉감(옥스퍼드 프린트) 110cm폭

①110cm ②110cm ③120cm ④130cm

고무밴드 0.8cm폭

①79cm ②83cm ③86cm ④89cm

바이어스테이프 1.27cm×약 1m

※ 도안은 부록 A면 67·68을 사용합니다.

※ 4단으로 된 숫자는 위에서부터
①90cm
②100cm
③110cm
④120cm
1개 밖에 없는 숫자는 공통

:: **마름질하기**

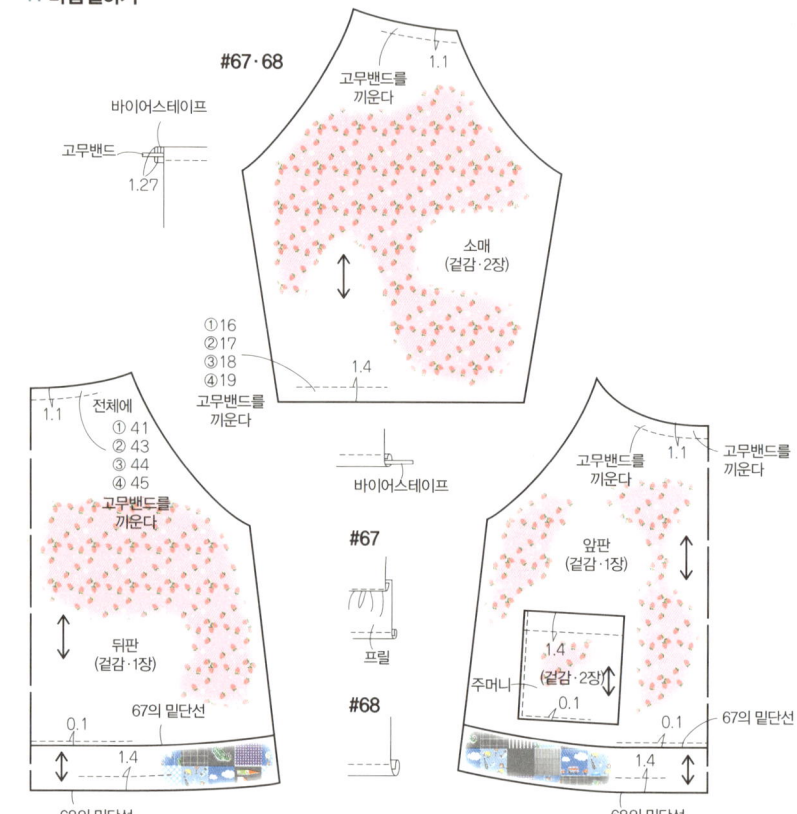

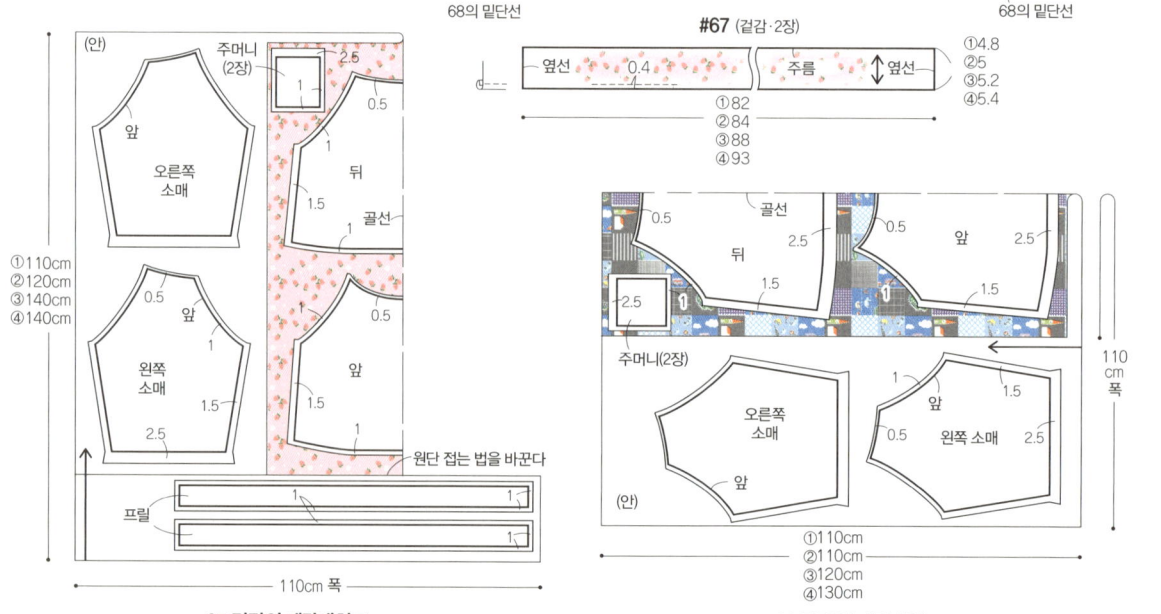

67 겉감의 재단배치도

68 겉감의 재단배치도

#68

1 주머니를 만들어 단다.

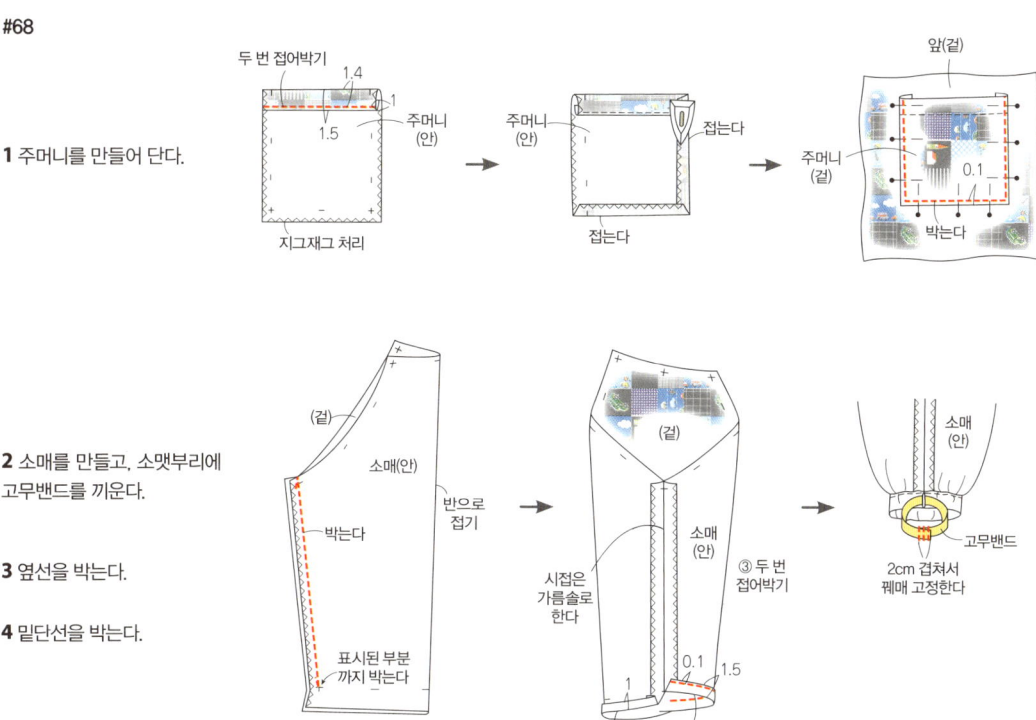

2 소매를 만들고, 소맷부리에 고무밴드를 끼운다.

3 옆선을 박는다.

4 밑단선을 박는다.

5 소매를 단다.

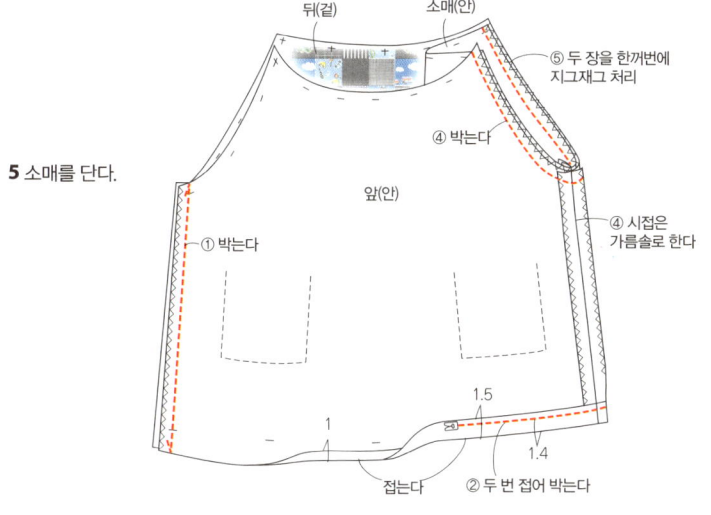

:: **68의 만들기 순서**

1 주머니를 만들어 단다.

2 소매를 만들고, 소맷부리에 고무밴드를 끼운다.

3 옆선을 박는다.

4 밑단선을 박는다.

5 소매를 단다.

6 목둘레를 바이어스테이프로 처리한 다음, 고무밴드를 끼운다.

6 목둘레를 바이어스테이프로 처리한 다음, 고무밴드를 끼운다.

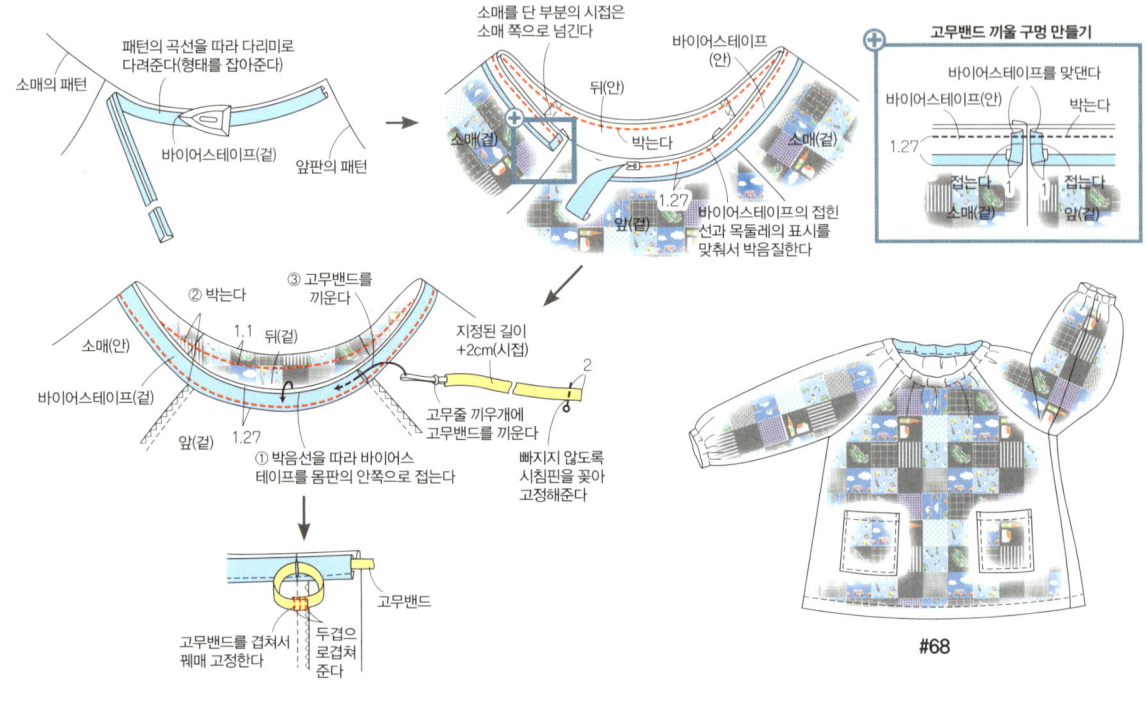

#68

. . . .

#67

※ 더욱 자세한 방법은 No.68을 참고하세요.

6 목둘레를 바이어스테이프로 처리한 다음, 고무밴드를 끼운다.

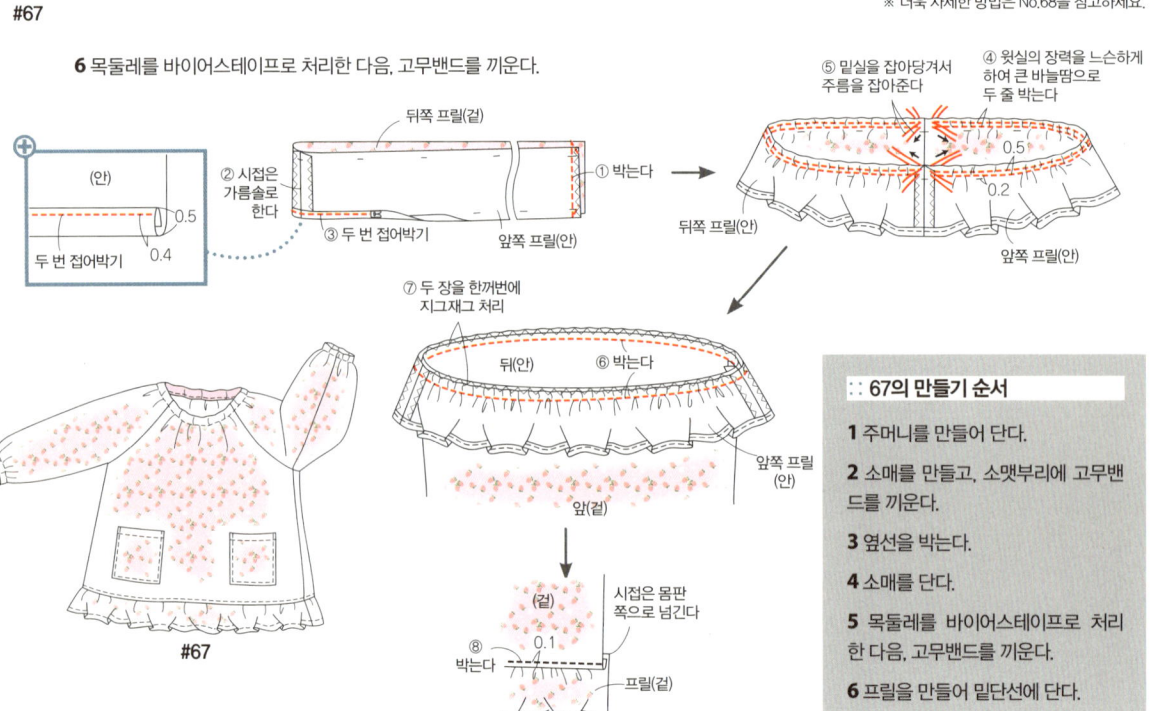

#67

::: 67의 만들기 순서

1 주머니를 만들어 단다.

2 소매를 만들고, 소맷부리에 고무밴드를 끼운다.

3 옆선을 박는다.

4 소매를 단다.

5 목둘레를 바이어스테이프로 처리한 다음, 고무밴드를 끼운다.

6 프릴을 만들어 밑단선에 단다.

크로스 가방

코튼리넨 캔버스의 퀼팅원단을 사용한 바닥면이 넉넉한 크로스 가방입니다. 가방의 덮개는 스트라이프 원단을 매치하여 세련된 느낌이 납니다. 외출할 때 사용해도 좋아요.

제작 _ 가네마루 가호리

#69·70 여자 아이 & 남자 아이용 크로스 가방

#69

#70

:: 재료 준비하기

#69·70의 재료(1개분)

A원단(코튼리넨 캔버스 퀼팅) 35×55cm

B원단(코튼리넨 스트라이프) 45×30cm

접착심 45×30cm

컬러 레인 가방끈 2.5×120cm

벨크로 2.5×5cm

링 2.5cm폭 1개

왈자고리 2.5cm폭 1개

※ 도안은 들어있지 않습니다. 제도방법을 보고 도안을
　만드세요.

※ 먼저 B원단의 안쪽에 접착심을 붙이고 나서 덮개를
　재단합니다.

:: 마름질하기

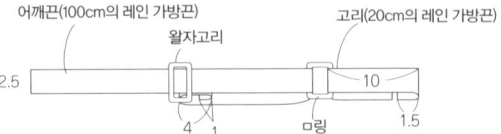

어깨끈(100cm의 레인 가방끈)　　왈자고리　　고리(20cm의 레인 가방끈)

#69·70　　2.5　　　　　　　　　　　10

4　　1　　□링　　1.5

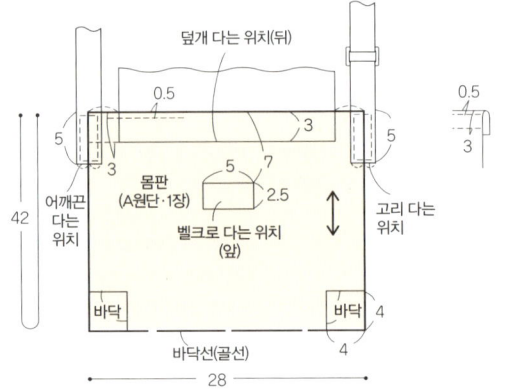

덮개 다는 위치(뒤)

0.5　　　　　3　　　　　0.5

5　　　　　　　　　　　　5

3　　　　　　　　　　　　3

몸판
(A원단·1장)　　5　7

어깨끈　　　　　　2.5　　고리 다는
다는　　　　　　　　　　위치
위치　　벨크로 다는 위치
　　　　　(앞)

42

바닥　　　　　　　바닥　4

바닥선(골선)　　　　4

28

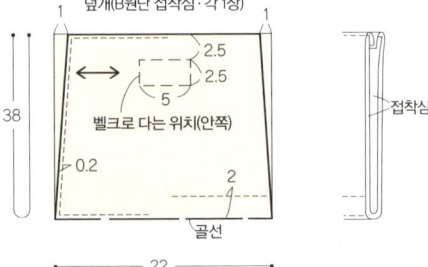

덮개(B원단 접착심·각 1장)

1　　　　　　2.5

　　　　　　2.5

38　　5

벨크로 다는 위치(안쪽)　　　　접착심

0.2　　　　　2

골선

22

=접착심

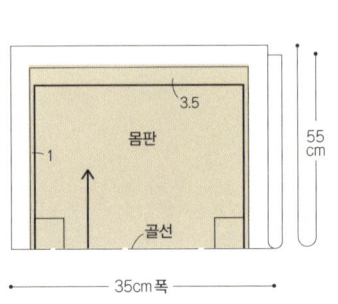

3.5

1　　몸판

골선

55
cm

69~70 A원단의 재단배치도

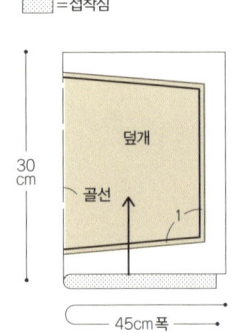

덮개

30
cm　　골선

1

45cm폭

69~70 B원단의 재단배치도

35cm폭

:: **만드는 방법**

1 덮개를 만든다.

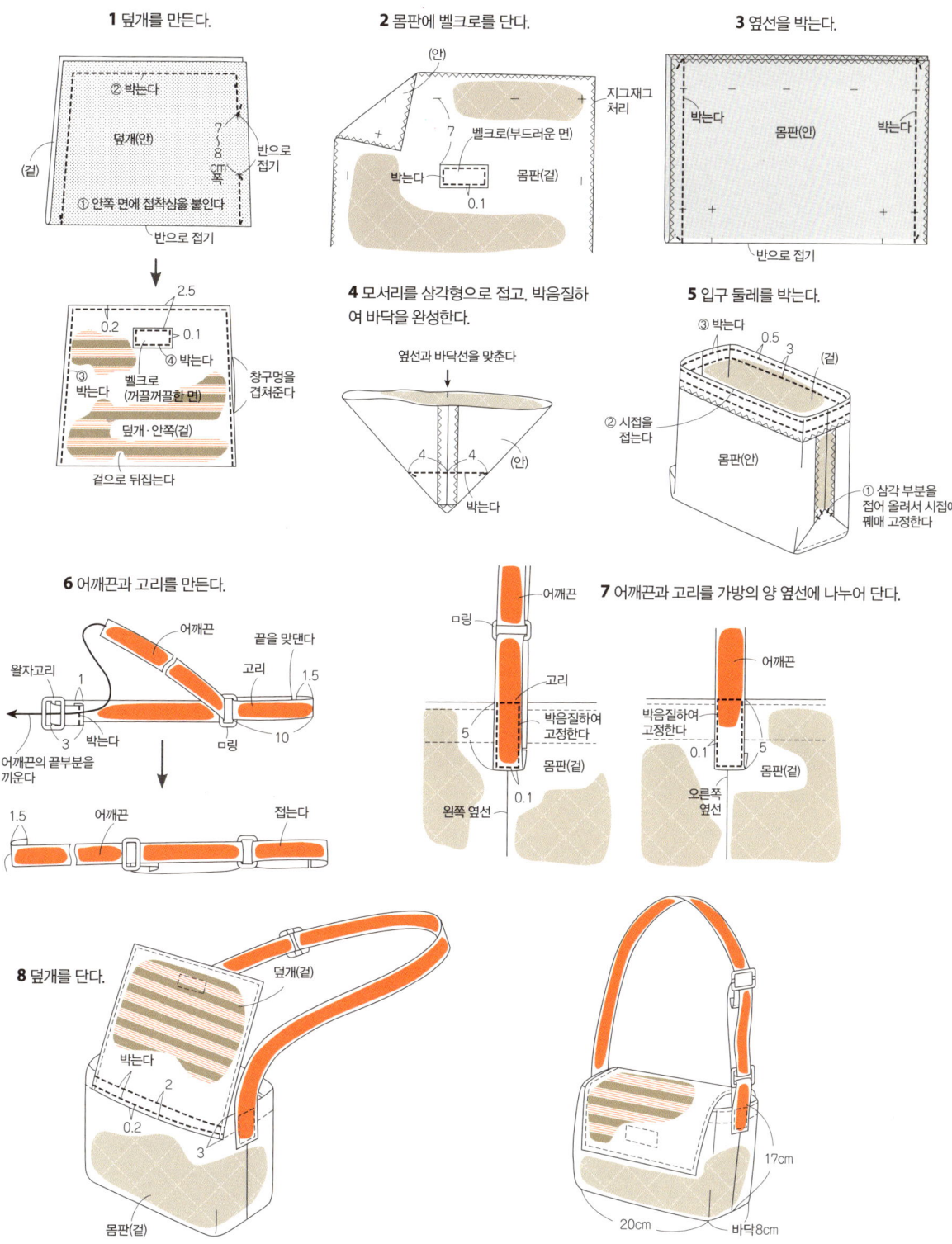

② 박는다

덮개(안)

7
8
cm
폭

반으로
접기

(겉)

① 안쪽 면에 접착심을 붙인다

반으로 접기

2.5

0.2

0.1

④ 박는다

③
박는다

벨크로
(꺼끌꺼끌한 면)

덮개·안쪽(겉)

창구멍을
겹쳐준다

겉으로 뒤집는다

2 몸판에 벨크로를 단다.

(안)

지그재그
처리

7

벨크로(부드러운 면)

박는다

몸판(겉)

0.1

3 옆선을 박는다.

박는다

몸판(안)

박는다

반으로 접기

4 모서리를 삼각형으로 접고, 박음질하여 바닥을 완성한다.

옆선과 바닥선을 맞춘다

4   4

(안)

박는다

5 입구 둘레를 박는다.

③ 박는다

0.5   3   (겉)

② 시접을
접는다

몸판(안)

① 삼각 부분을
접어 올려서 시접에
꿰매 고정한다

6 어깨끈과 고리를 만든다.

어깨끈

끝을 맞댄다

왈자고리

1

고리

1.5

3   박는다

10

ㅁ링

어깨끈의 끝부분을
끼운다

1.5   어깨끈   접는다

7 어깨끈과 고리를 가방의 양 옆선에 나누어 단다.

어깨끈

ㅁ링

고리

박음질하여
고정한다

5

몸판(겉)

0.1

왼쪽 옆선

어깨끈

박음질하여
고정한다

0.1

5

몸판(겉)

오른쪽
옆선

8 덮개를 단다.

덮개(겉)

박는다

2

0.2

3

몸판(겉)

17cm

20cm   바닥8cm

어린이 배낭

스트링 파우치 스타일에 덮개만 단 디자인의 배낭입니다. 바깥쪽의 주머니에 프린트 테이프로 포인트를 주었어요.

제작 _ 가네마루 가호리

#71

#72

배낭 만들기

퀼팅원단을 사용하여 '배낭' 만드는 방법을 소개합니다.
원단은 양면을 모두 사용할 수 있는 리버시블 퀼팅 원단을 사용했어요.

:: 재료 준비하기

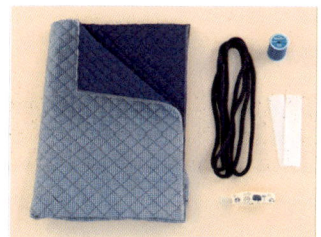

#71~72의 재료(세트로 만들 경우)

겉감(리버시블 깅엄체크 퀼팅) 108×65cm
헤링본 프린트테이프 1.5×60cm
벨크로 2.5×5cm
스트링 면끈 0.7×290cm

※ 도안은 부록 A면 71·72를 사용합니다.

:: 마름질하기

#71·72

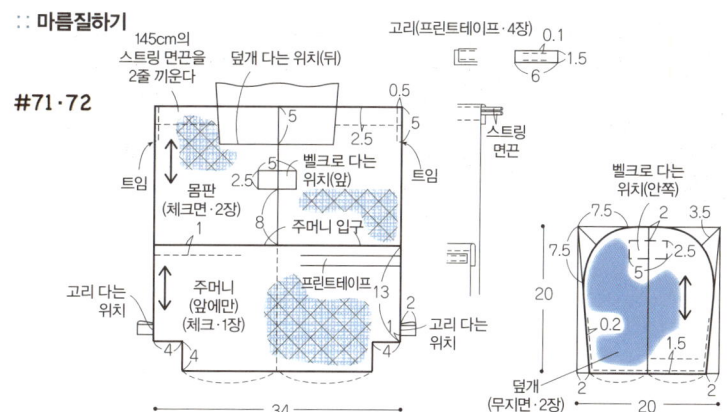

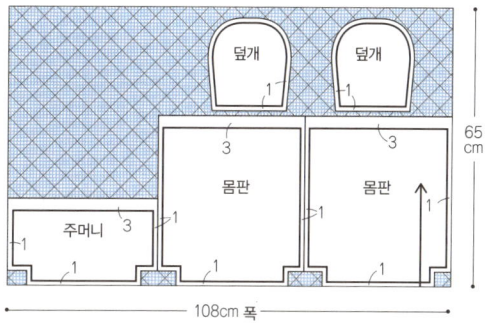

겉감의 재단배치도

:: 도안 만들기

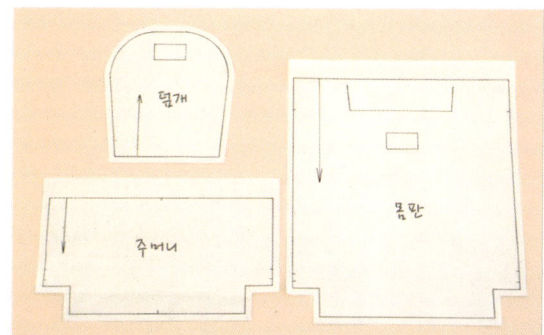

14페이지를 참고하여 부직포 패턴지 등 비치는 종이에 도안을 옮깁니다. 식서방향(화살표), 덮개 다는 위치 등 필요한 기호도 빠짐없이 표시해주세요. 재단배치도를 확인하여 지정된 시접을 테두리에 표시해줍니다.

:: 재단 및 기호 표시하기 & 테두리 처리하기

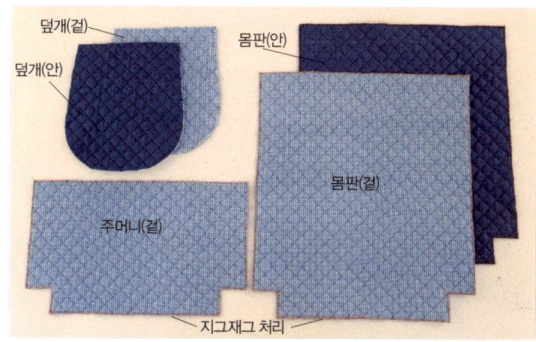

일러스트의 재단배치도를 따라 도안을 배치한 다음, 도안대로 원단을 재단합니다. 원단의 안쪽 면(무지 쪽)에 양면 초크페이퍼를 끼운 다음, 소프트룰렛을 사용하여 완성선과 필요한 기호를 옮겨줍니다. 덮개는 체크 쪽이 원단의 안쪽 면이 됩니다. 몸판과 주머니의 가장자리를 지그재그로 처리하여 올 풀림을 방지합니다.

❶ 주머니 만들기

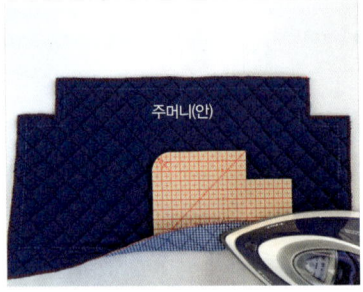

1 주머니 입구 쪽의 완성선에 시접자를 대고, 시 접(3cm)을 위쪽으로 접어 올려서 다림질합니다.

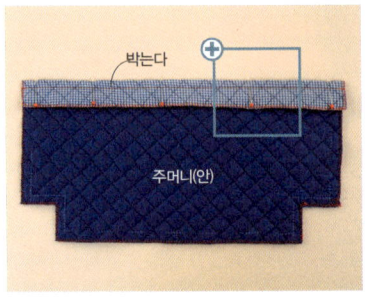

2 입구의 시접을 시침핀으로 고정한 다음, 입구 에서 1cm 안쪽을 박음질합니다.

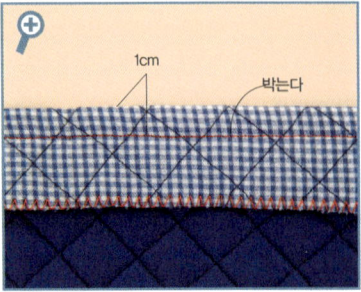

2-1 확대한 모습.

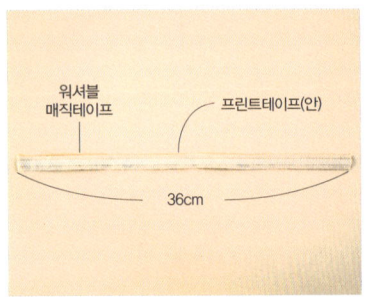

3 헤링본 프린트테이프를 36cm로 자릅니다. 테 이프 안쪽에 워셔블 매직테이프를 붙입니다. 워 셔블 매직 테이프가 없을 때는 시침핀으로 고정 해 주세요.

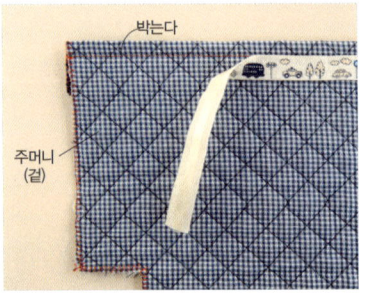

4 워셔블 매직테이프의 보호막을 떼어내고 박음 질선 아래에 붙입니다.

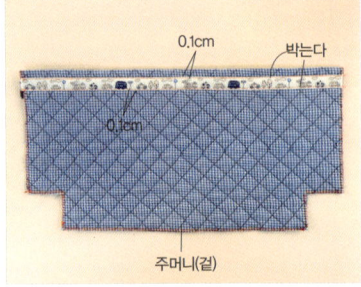

5 헤링본 프린트테이프의 위아래를 박음질합 니다.

❷ 주머니 달기

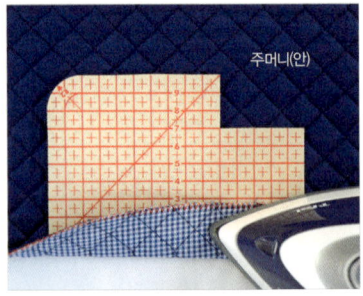

1 몸판 입구 쪽의 완성선에 시접자를 대고, 시 접(3cm)을 위쪽으로 접어 올려서 다림질합니다.

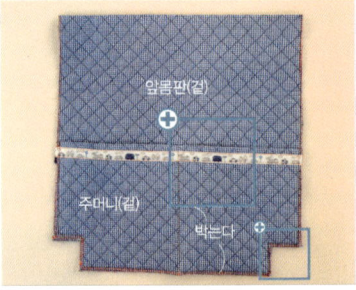

2 앞몸판 위에 주머니를 올려놓은 다음, 가운데 를 박음질합니다. 지그재그로 처리한 옆선과 바 닥선의 가장자리를 박음질합니다.

2-1 확대한 모습.

❸ 고리 만들기

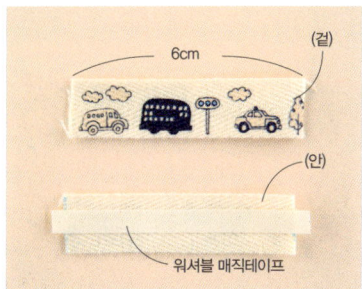

1 헤링본 프린트테이프를 6cm 길이로 4장 자릅니다. 2장을 1쌍으로 사용합니다. 프린트테이프 한 장의 안쪽에 워셔블 매직테이프를 붙입니다.

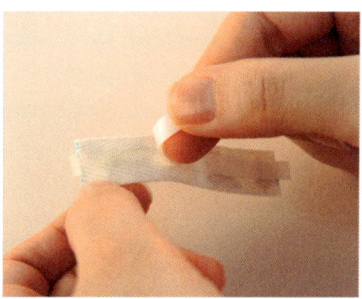

2 워셔블 매직테이프의 보호막을 떼어냅니다.

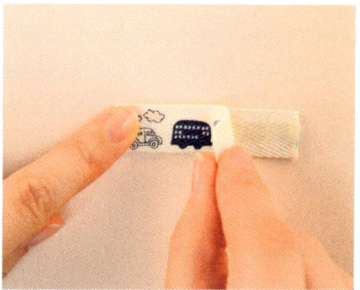

3 또 다른 하나의 프린트테이프를 겹쳐서 붙입니다. 워셔블 매직테이프가 없을 때는 시침핀으로 고정하세요.

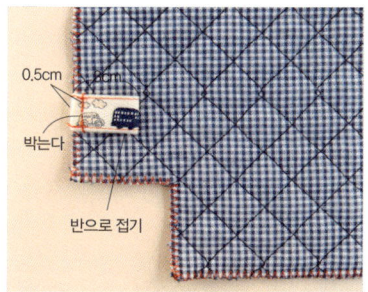

3 헤링본 프린트테이프의 위아래를 박음질합니다. 2쌍을 만듭니다.

❹ 고리 달기

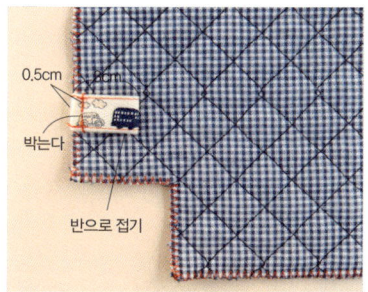

고리를 반으로 접은 다음, 뒤몸판의 옆선에 겹칩니다. 옆선의 시접 끝부분에 고리의 끝을 맞댄 다음, 끝에서 0.5cm 안쪽을 박음질합니다. 왼쪽도 같은 방법으로 답니다.

❺ 벨크로 달기

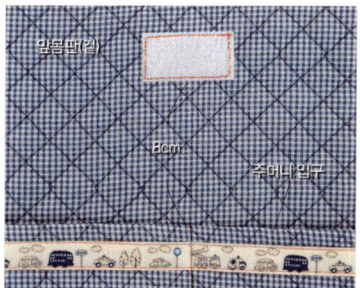

앞몸판에 벨크로의 부드러운 면을 박음질하여 답니다.

---

❻ 옆선과 바닥선 박기

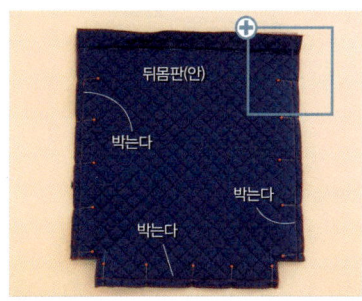

1 몸판을 겉끼리 맞댑니다. 옆선과 바닥선을 시침핀으로 고정한 다음, 완성선을 따라 박음질합니다. 옆선은 트임 부분을 남기고 박음질합니다.

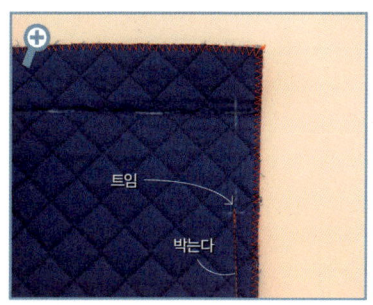

1-1 확대한 모습.

2 시접은 가름솔로 벌려 다림질합니다.

❼ 트임 부분 박기

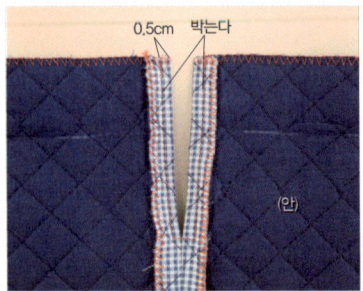

트임 부분의 시접을 박음질합니다. 가장자리에서 0.5cm 안쪽으로 들어간 부분을 사진과 같이 박음질합니다.

❽ 바닥 만들기

바닥선을 맞대어 시침핀으로 고정한 다음, 박음질하여 바닥을 완성합니다.

❾ 입구둘레 박기

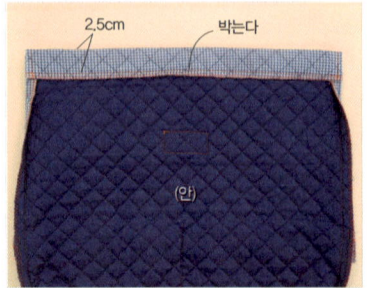

입구 쪽 시접을 접어서 다리미로 꼼꼼히 다림질합니다. 시침핀으로 고정한 다음, 끝에서 2.5cm 안쪽을 박음질합니다.

❿ 덮개 만들기

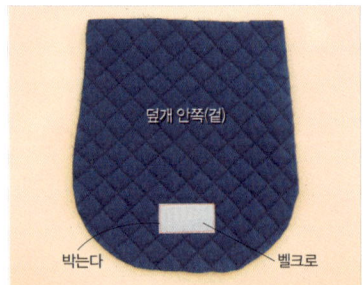

1 덮개 안쪽 면에 벨크로의 꺼끌꺼끌한 면을 박음질하여 달아줍니다.

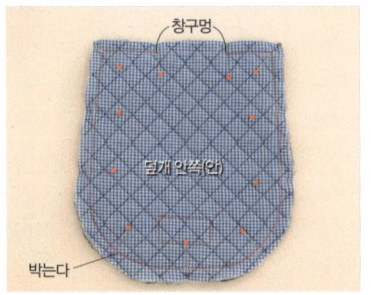

2 덮개를 겉끼리 맞댄 다음, 시침핀으로 고정합니다. 직선 부분에 창구멍을 8cm 정도 남기고 박음질한 다음, 나머지 테두리 부분도 박음질합니다.

3 시접은 가름솔로 벌려 다림질합니다.

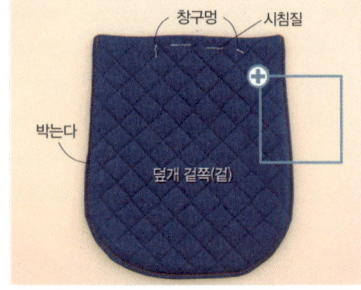

4 겉으로 뒤집은 다음, 다리미로 다려서 모양을 정리합니다. 창구멍을 겹쳐서 시침실로 살짝 꿰매둡니다. 직선 부분을 남기고, 끝에서 0.2cm 안쪽을 박음질합니다.

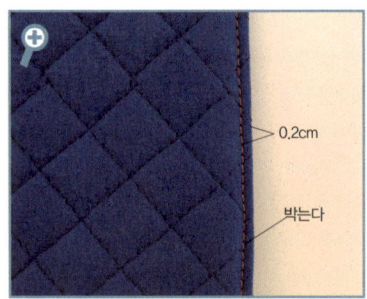

4-1 확대한 모습.

⓫ 덮개 달기

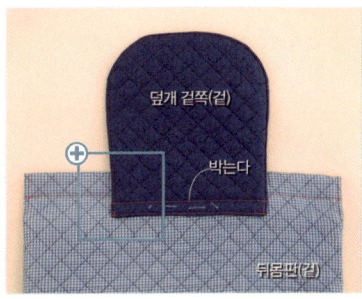
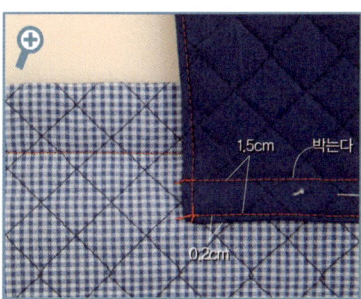

뒤몸판의 덮개를 달아줄 위치에 덮개 겉쪽이 위로 가게 해서 겹칩니다. 덮개의 직선 부분에서 0.2cm 와 1.5cm 안쪽을 박음질합니다.

⓬ 끈 끼우기

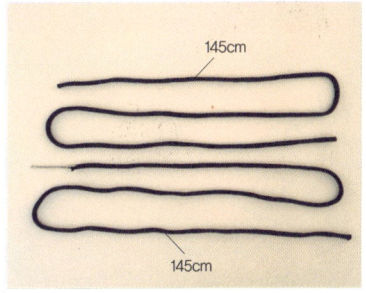

1 145cm의 스트링 면끈을 2줄 준비합니다. 하 나를 고무줄 끼우개에 끼웁니다.

2 왼쪽 위의 구멍부터 U자로 통과시킨 다음, 배 낭의 왼쪽 아래에 있는 고리에 끼워 넣어줍니다.

3 다른 하나를 고무줄 끼우개에 끼운 다음, 오른 쪽 위의 구멍부터 U자로 통과시키고, 배낭의 오 른쪽 아래에 있는 고리에 끼워 넣어줍니다.

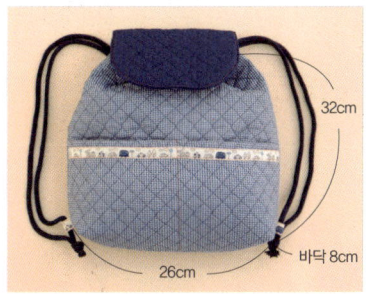

4 끈의 양쪽 끝을 묶어서 매듭을 만듭니다.

5 완성.

앞치마와 머리수건

요리할 때는 물론 놀이 시간에 편하게 사용할 수 있는 앞치마와 머리수건 세트입니다. 유치원생뿐만 아니라 초등학생도 사용할 수 있는 앞치마와 머리수건이에요. 목끈은 간단한 스냅단추로 고정할 수 있는 여아용 앞치마에는 옷자락에 프릴을 달았어요. 앞치마는 신장 110cm, 120cm, 130cm의 세 가지 사이즈로 만들 수 있습니다.

제작 _ 사카이 미나코

#73

#74

#75

#76

앞치마 세트 | #73 남아용 머리수건 · #74 남아용 앞치마 · #75 여아용 머리수건 · #76 여아용 앞치마

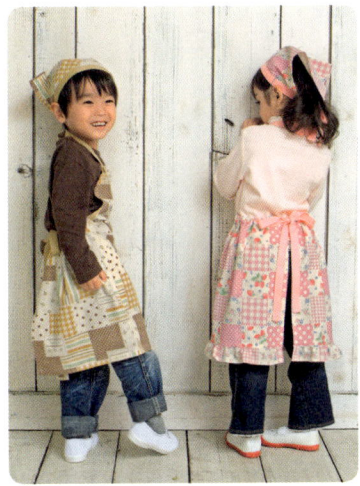

:: 재료 준비하기

#73·74 세트의 재료

겉감(시팅 프린트) 110cm폭

①100cm ②110cm ③110cm

단추 지름 1.5cm 2개

스냅단추 1쌍

코튼 테이프 2cm폭

①약 300cm ②약 310cm ③약 315cm

※ 도안은 부록 B면 #74·75를 사용합니다. 머리수건의 도안은 들어있지 않습니다. 원단에 직접 그려서 재단하거나, 제도방법을 보고 도안을 만드세요.

#75·76 세트의 재료

겉감(시팅 프린트) 110cm폭

①110cm ②120cm ③130cm

단추 지름 1.5cm 2개

스냅단추 1쌍

코튼 테이프 2cm폭

①약 300cm ②약 310cm ③약 315cm

※ 도안은 부록 B면 74·75를 사용합니다. 프릴과 머리수건의 도안은 들어있지 않습니다. 원단에 직접 그려서 재단하거나, 제도방법을 보고 도안을 만드세요.

※ 3단으로 된 숫자는 위에서부터
① 110cm
② 120cm
③ 130cm
1개만 있는 숫자는 공통

:: 마름질하기

머리수건용 끈(코튼 테이프)
· 폭=2
· 길이=123

#73·75

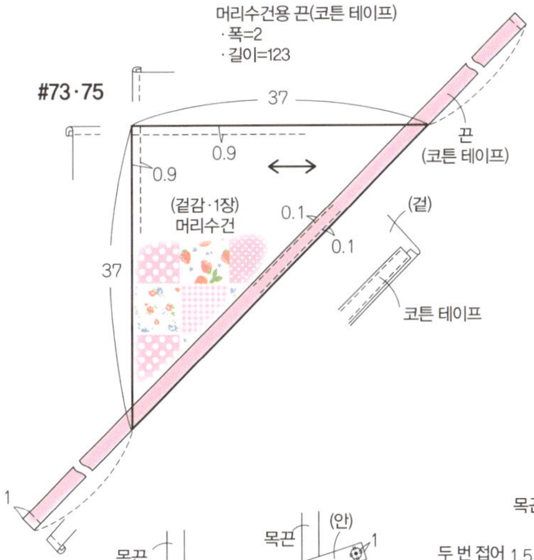

37
0.9
0.9
끈
(코튼 테이프)
(겉감·1장)
머리수건
0.1
0.1
(겉)
37
코튼 테이프
1

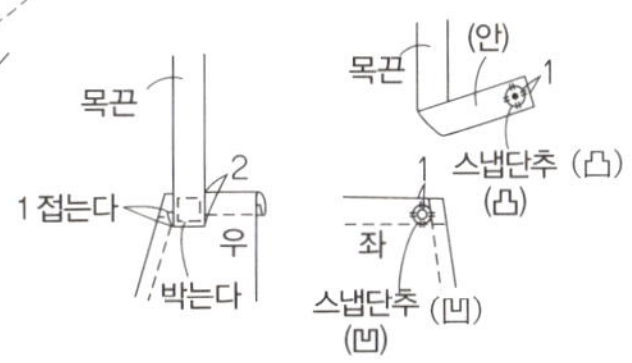

목끈
1 접는다
2
우
박는다
목끈
(안)
1
1
스냅단추 (凸)
(凸)
좌
스냅단추 (凹)
(凹)

#74·76

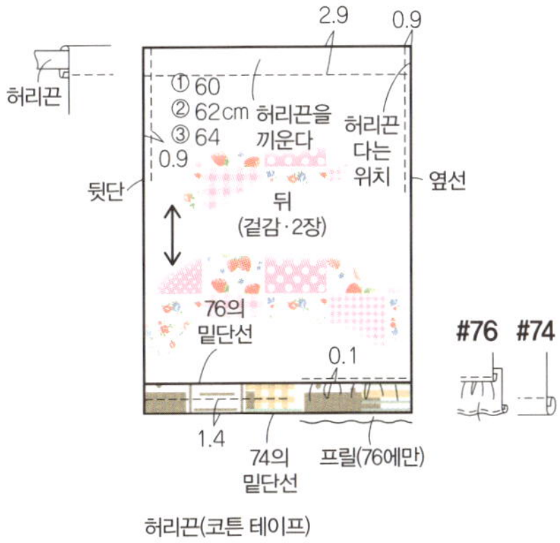

허리끈
2.9
0.9
① 60
② 62cm
③ 64
허리끈을 끼운다
허리끈 다는 위치
0.9
뒷단
옆선
뒤
(겉감·2장)
76의 밑단선
0.1
1.4
74의 밑단선
프릴(76에만)
#76
#74

허리끈(코튼 테이프)
· 폭=2
· 길이=①128 ②132 ③136(2개분)

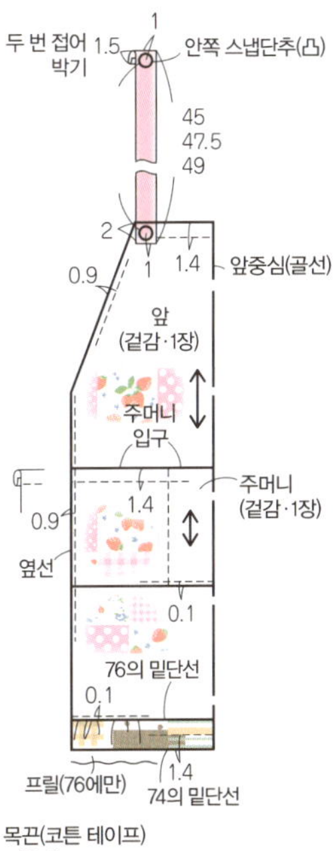

목끈(코튼 테이프)
두 번 접어 박기
1.5
1
안쪽 스냅단추(凸)
45
47.5
49
2
1
1.4
0.9
앞중심(골선)
앞
(겉감·1장)
주머니 입구
주머니
(겉감·1장)
1.4
0.9
옆선
0.1
76의 밑단선
0.1
프릴(76에만)
1.4
74의 밑단선

목끈(코튼 테이프)
· 폭=2
· 길이=①48.5 ②51 ③52.5

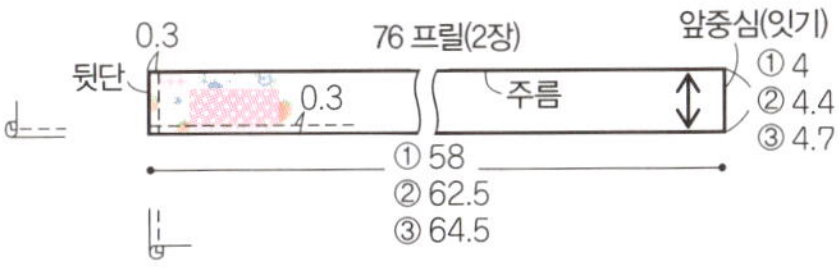

0.3
76 프릴(2장)
앞중심(잇기)
뒷단
0.3
주름
① 4
② 4.4
③ 4.7
① 58
② 62.5
③ 64.5

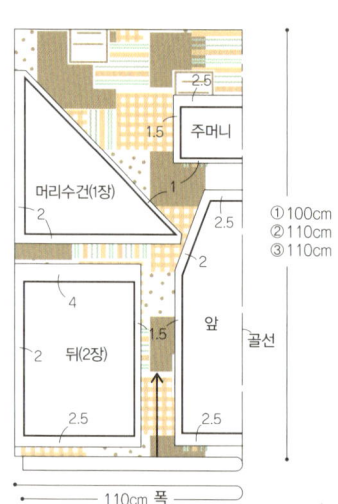

73·74 걸감의 재단배치도

2.5
1.5 주머니
머리수건(1장)
2
1
①100cm
②110cm
③110cm
2.5
2
앞
골선
1.5
4
뒤(2장)
2
2.5
2.5
110cm 폭

75·76 걸감의 재단배치도

2.5
1.5 주머니
머리수건(1장)
2
1
2.5
①110cm
②120cm
③130cm
2
앞
4
뒤(2장)
2
1.5
1
원단 접는 법을 바꾼다
1 프릴
(안)
110cm 폭

∷ 만드는 방법

#73·75

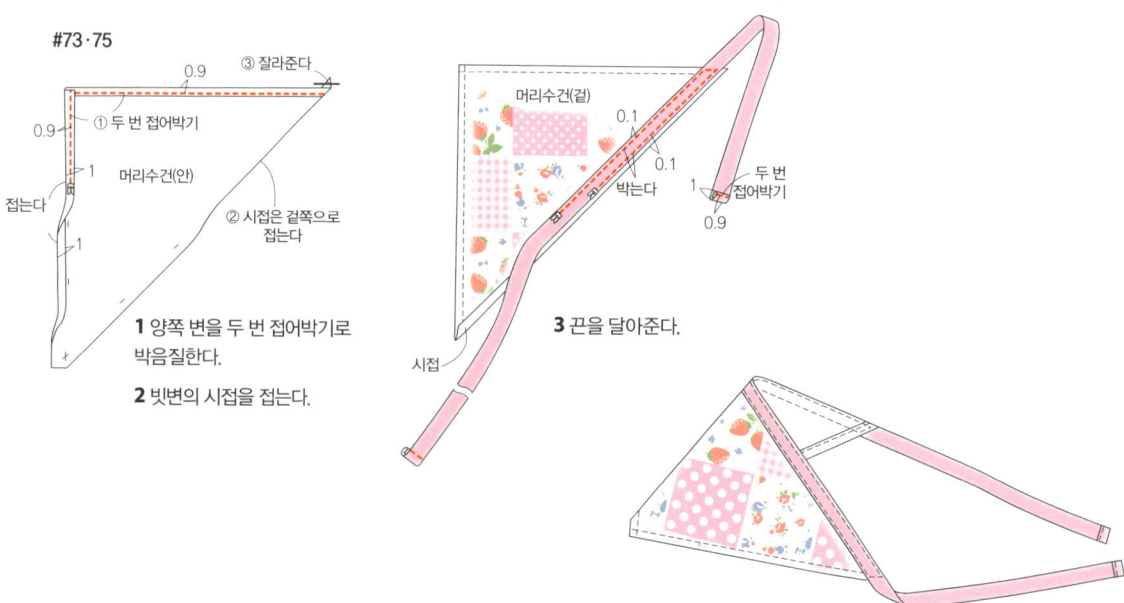

0.9
③ 잘라준다
① 두 번 접어박기
0.9
1 머리수건(안)
접는다
1
1
② 시접은 겉쪽으로 접는다

1 양쪽 변을 두 번 접어박기로 박음질한다.

2 빗변의 시접을 접는다.

머리수건(겉)
0.1
0.1
박는다
1 두 번 접어박기
0.9
시접

3 끈을 달아준다.

1 주머니를 만들어 단다.

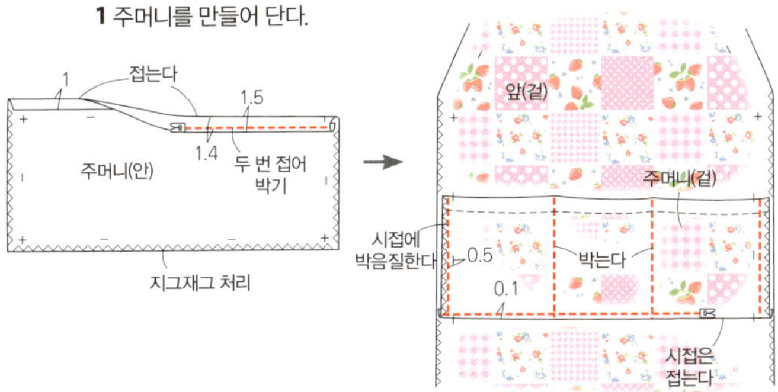

1
접는다
1.5
1.4
두 번 접어 박기
주머니(안)
지그재그 처리

앞(겉)
주머니(겉)
시접에 박음질한다
0.5
박는다
0.1
시접은 접는다

2 앞단을 박는다.

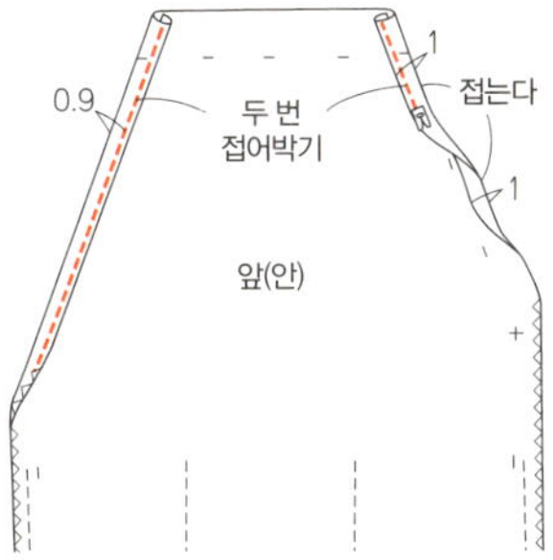

0.9
두 번 접어박기
접는다
1
앞(안)

3 앞판의 윗부분을 박는다.

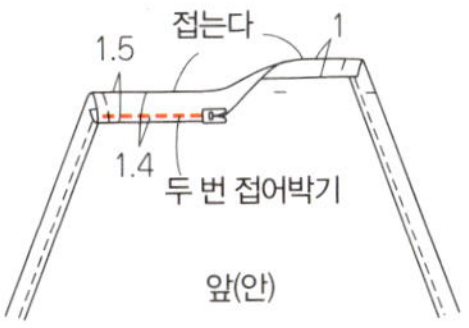

접는다
1
1.5
1.4
두 번 접어박기
앞(안)

4 목끈을 단다.

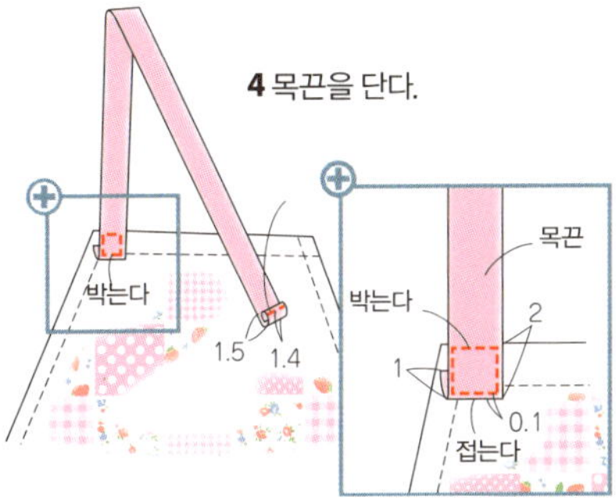

박는다
1.5 1.4
박는다
목끈
1
2
0.1
접는다

5 허리끈을 끼우고, 옆선을 박는다.

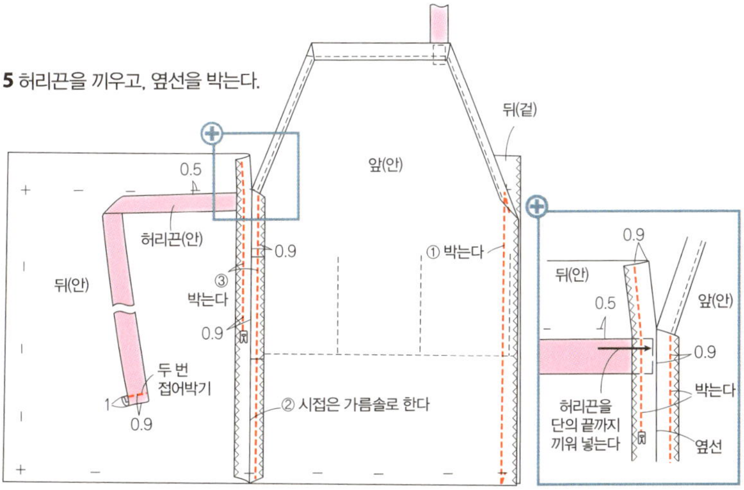

0.5
뒤(겉)
앞(안)
허리끈(안)
뒤(안)
③
0.9
박는다
0.9
① 박는다
두 번 접어박기
1
0.9
② 시접은 가름솔로 한다

0.9
뒤(안)
0.5
앞(안)
0.9
허리끈을 단의 끝까지 끼워 넣는다
박는다
옆선

6 프릴을 만든다.

② 두 번 접어박기
③ 두 번 접어박기
0.3
프릴(안)
0.5
① 앞중심을 박는다
0.3 0.5
접는다

④ 윗실의 장력을 느슨하게 하여 큰 바늘땀으로 두 줄 박아준다
0.5
⑤ 밑실을 잡아당겨서 주름을 잡아준다.
0.2
프릴(겉)

7 프릴을 단다.

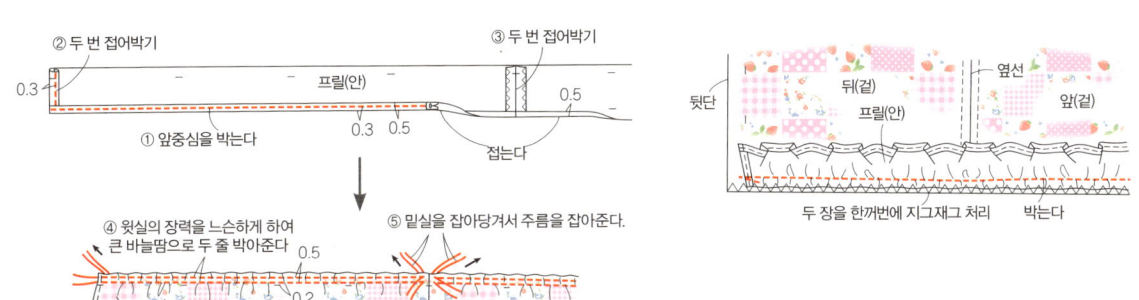

뒷단
뒤(겉)
옆선
앞(겉)
프릴(안)
두 장을 한꺼번에 지그재그 처리
박는다

8 뒷단을 박는다.

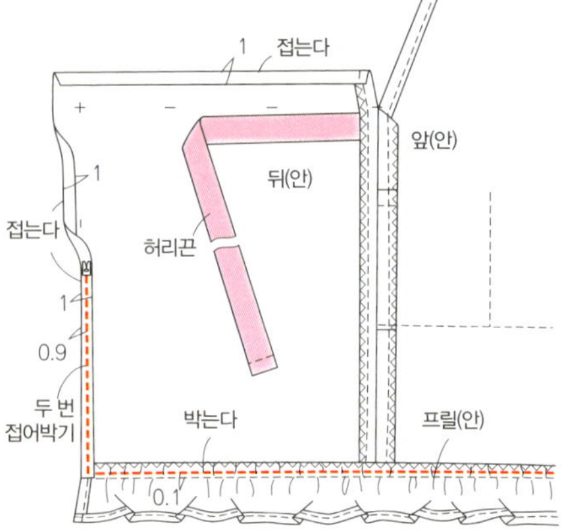

접는다
1
+ −
접는다
1
허리끈
뒤(안)
앞(안)
접는다
1
0.9
두 번
접어박기
박는다
프릴(안)
0.1

9 허리끈을 끼워가면서 뒤판의 윗부분을 박는다.

표시를 따라 접는다
2.9
0.9
허리끈
두 번
접어박기
박음질하여
고정한다
앞(안)
뒤(안)

허리끈까지 박음질하지
않도록 주의한다
허리끈
2.9
두 번 접어박기

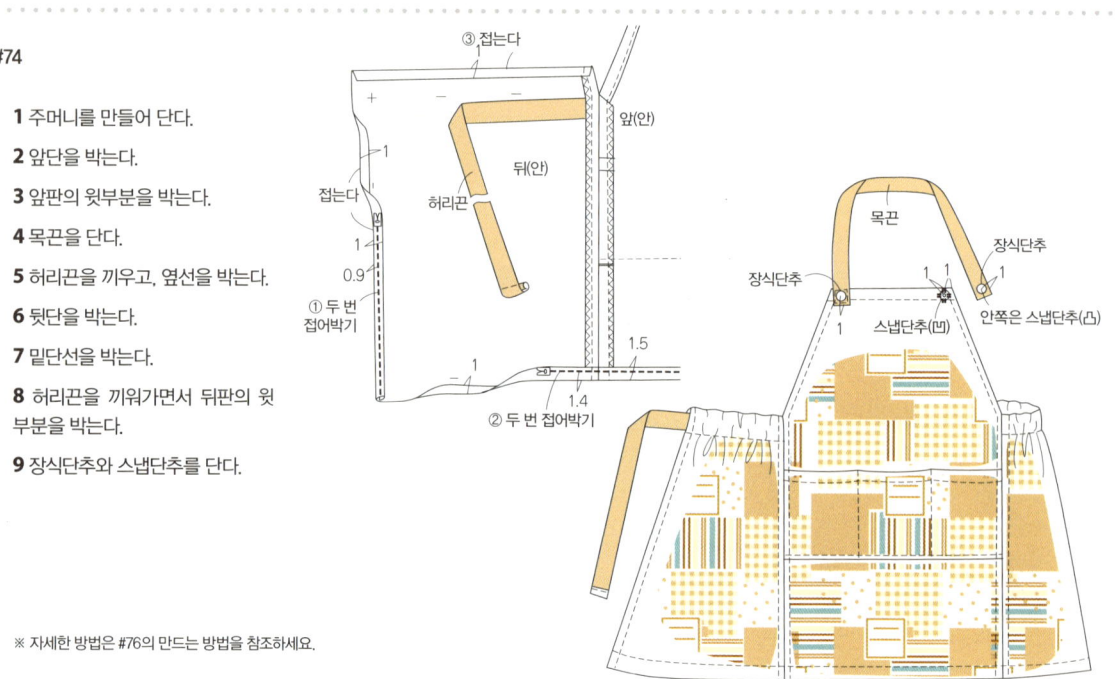

목끈
장식단추
장식단추
1 1 1
안쪽은 스냅단추(凸)
스냅단추(凹)
1

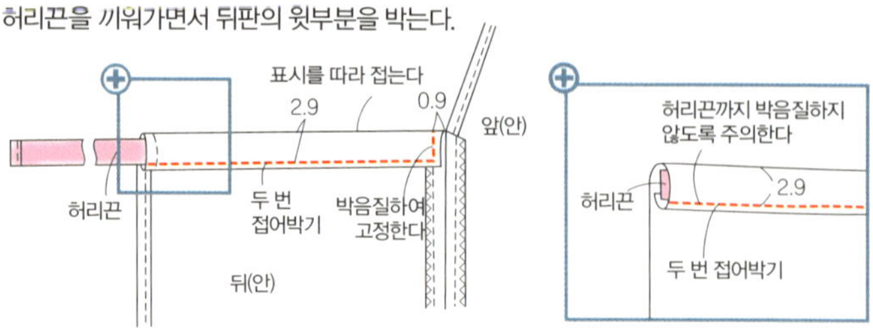

10 장식단추와 스냅
단추를 단다.

#74

1 주머니를 만들어 단다.

2 앞단을 박는다.

3 앞판의 윗부분을 박는다.

4 목끈을 단다.

5 허리끈을 끼우고, 옆선을 박는다.

6 뒷단을 박는다.

7 밑단선을 박는다.

8 허리끈을 끼워가면서 뒤판의 윗
부분을 박는다.

9 장식단추와 스냅단추를 단다.

③ 접는다
+ − −
접는다
1
허리끈
뒤(안)
앞(안)
1
0.9
① 두 번
접어박기
1.5
1
1.4
② 두 번 접어박기

목끈
장식단추
장식단추
1 1 1
스냅단추(凹)
안쪽은 스냅단추(凸)

※ 자세한 방법은 #76의 만드는 방법을 참조하세요.

귀여운 외출용 소품

옆으로 멜 수 있는 크로스백과 손수건, 티슈케이스 세트는 외출할 때
사용하면 좋아요. 무지원단과 프린트원단을 매치하고 자수 타입 와펜을
달아서 포인트를 주었습니다.

제작 _ 이치류 마유미

#78

#77

#79

크로스백 뒷면에 자수 타입
와펜을 달았습니다.

:: **재료 준비하기**

#77~79 세트로 만들 경우

A원단(선염체크) 35×25cm

B원단(코튼와플) 80×30cm

티롤리안 테이프 0.7×240cm

웨이브 블레이드 0.7×35cm

와펜·마트료시카 1쌍

와펜·꽃 1쌍

와펜·알파벳 1쌍

패브릭 본드

※ 도안은 들어있지 않습니다. 제도방법을
보고 도안을 만드세요.

#77의 재료

A원단(선염체크) 20×20cm

B원단(코튼와플) 20×25cm

티롤리안 테이프 0.7×120cm

웨이브 블레이드 0.7×20cm

와펜·마트료시카 1장

와펜·꽃 3장

와펜·알파벳 1장

패브릭 본드

#78의 재료

B원단(코튼와플) 30×30cm

티롤리안 테이프 0.7×105cm

와펜·컵 1장

와펜·알파벳 1장

#79의 재료

A원단(선염체크) 15×20cm

B원단(코튼와플) 15×10cm

티롤리안 테이프 0.7×15cm

웨이브 블레이드 0.7×15cm

와펜·마트료시카 1장

와펜·꽃 1장

패브릭 본드

:: **마름질하기**

#77

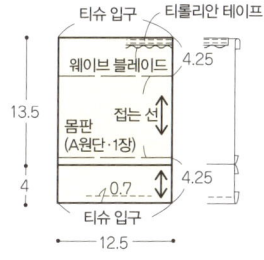

#78

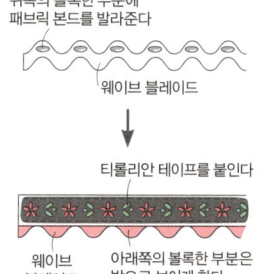

#79

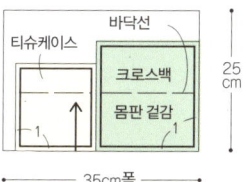

:: **티롤리안 테이프와 웨이브 블레이드 겹치는 방법**

위쪽의 볼록한 부분에
패브릭 본드를 발라준다

웨이브 블레이드

티롤리안 테이프를 붙인다

웨이브
블레이드

아래쪽의 볼록한 부분은
밖으로 보이게 한다

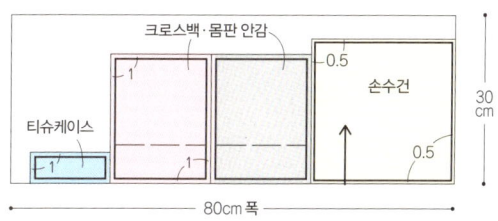

77~79 A원단의 재단배치도

77~79 B원단의 재단배치도

:: 만드는 방법

#77

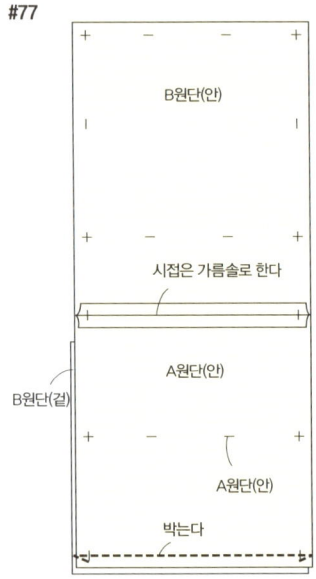

B원단(안)

시접은 가름솔로 한다

B원단(겉)

A원단(안)

A원단(안)

박는다

1 A원단과 B원단을 합봉한다.

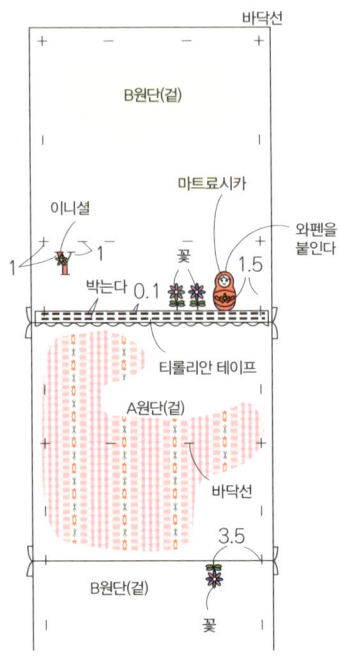

바닥선

B원단(겉)

이니셜

마트료시카

와펜을 붙인다

1 　 1

꽃

박는다 0.1

1.5

티롤리안 테이프

A원단(겉)

바닥선

3.5

B원단(겉)

꽃

2 패치 연결 부분에 티롤리안 테이프와 웨이브 블레이드를 겹쳐서 달아준 다음, 와펜을 붙인다.

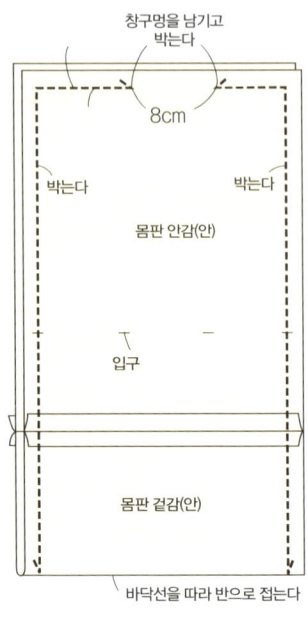

창구멍을 남기고 박는다

8cm

박는다 　 박는다

몸판 안감(안)

입구

몸판 겉감(안)

바닥선을 따라 반으로 접는다

3 옆선과 몸판 안감의 바닥선을 박는다.

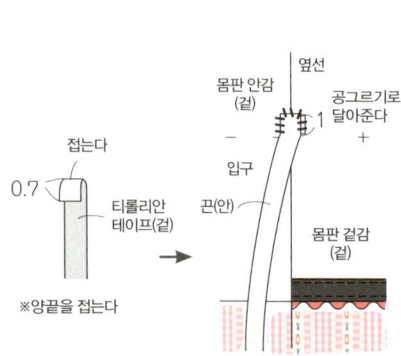

접는다

0.7

티롤리안 테이프(겉)

※양끝을 접는다

옆선

몸판 안감(겉)

공그르기로 달아준다

1

입구

끈(안)

몸판 겉감(겉)

4 겉으로 뒤집은 다음, 창구멍을 막고, 몸판 안감의 옆선에 가방끈을 단다.

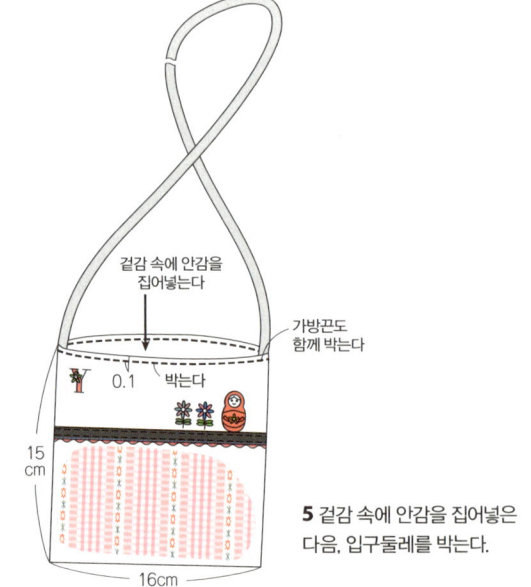

겉감 속에 안감을 집어넣는다

가방끈도 함께 박는다

0.1 박는다

15cm

16cm

5 겉감 속에 안감을 집어넣은 다음, 입구둘레를 박는다.

#78

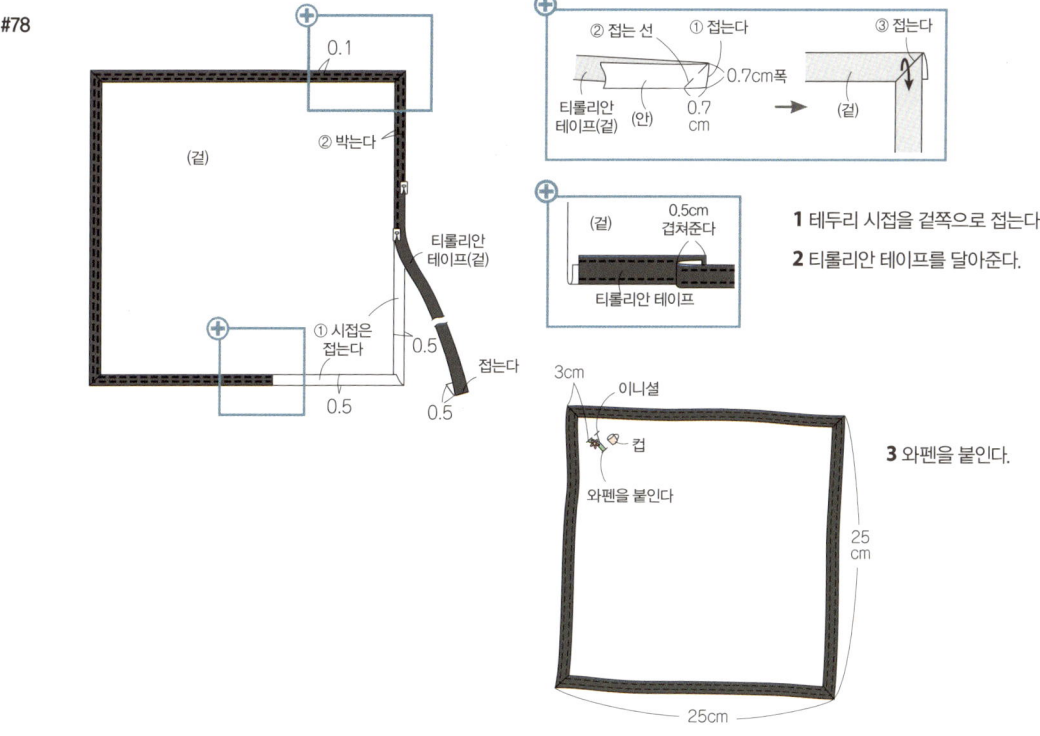

0.1

② 박는다

(겉)

티롤리안
테이프(겉)

① 시접은
접는다

0.5

0.5

0.5

접는다

② 접는 선　① 접는다

③ 접는다

0.7cm폭

티롤리안
테이프(겉)　(안)

0.7
cm

(겉)

(겉)　0.5cm
겹쳐준다

티롤리안 테이프

1 테두리 시접을 겉쪽으로 접는다.

2 티롤리안 테이프를 달아준다.

3cm　이니셜

컵

와펜을 붙인다

3 와펜을 붙인다.

25
cm

25cm

#79

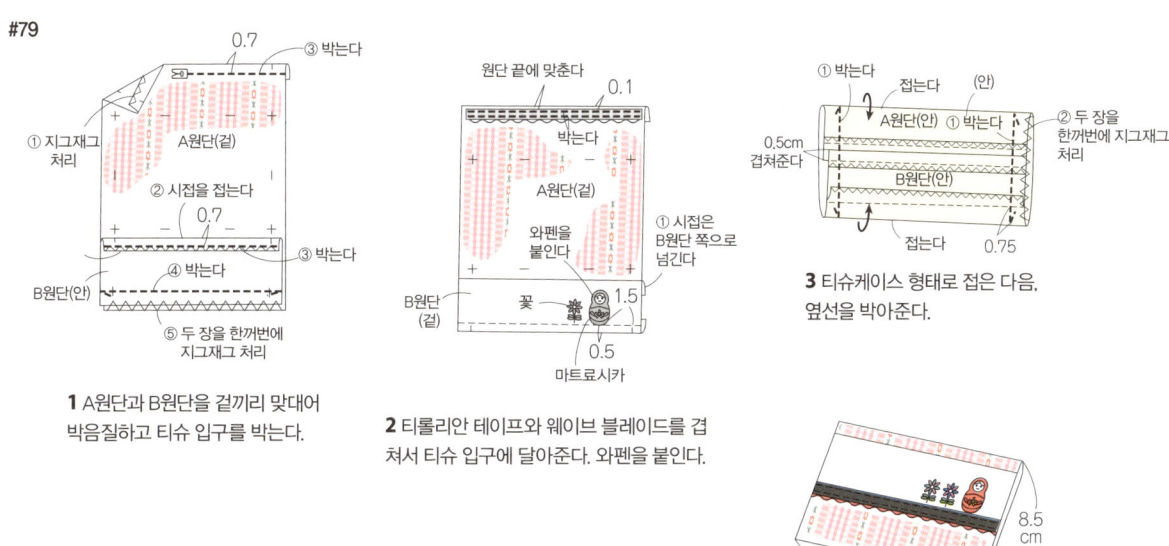

0.7

③ 박는다

① 지그재그
처리

A원단(겉)

② 시접을 접는다

0.7

③ 박는다

B원단(안)

④ 박는다

⑤ 두 장을 한꺼번에
지그재그 처리

1 A원단과 B원단을 겉끼리 맞대어
박음질하고 티슈 입구를 박는다.

원단 끝에 맞춘다

0.1

박는다

A원단(겉)

와펜을
붙인다

① 시접은
B원단 쪽으로
넘긴다

B원단
(겉)

꽃

1.5

0.5

마트료시카

2 티롤리안 테이프와 웨이브 블레이드를 겹
쳐서 티슈 입구에 달아준다. 와펜을 붙인다.

① 박는다

접는다　(안)

A원단(안)　① 박는다

0.5cm
겹쳐준다

B원단(안)

② 두 장을
한꺼번에 지그재그
처리

접는다　0.75

3 티슈케이스 형태로 접은 다음,
옆선을 박아준다.

8.5
cm

12.5cm

#80

#81

체육복이나 줄넘기, 크레파스, 문구류, 종이접기 작품 등을 넣을 수 있어 편리한 스트링 파우치입니다.
다양한 사이즈로 여러 개를 만들어 용도에 맞게 쓰세요.

제작 _ 세키 미쓰에

#82

#04

#83

:: 재료 준비하기

#80의 재료

겉감(코튼리넨 캔버스) 45×30cm

컬러 스트링끈 0.5×110cm

※ 도안은 들어있지 않습니다. 제도방법을
　보고 도안을 만드세요.

#81의 재료

겉감(코튼리넨 캔버스) 30×20cm

컬러 스트링끈 0.5×90cm

#82의 재료

겉감(코튼리넨 캔버스) 70×45cm

컬러 스트링끈 0.5×160cm

장식구슬 2개

#83의 재료

겉감(코튼리넨 캔버스) 60×35cm

컬러 스트링끈 0.5×140cm

장식구슬 2개

:: 마름질하기

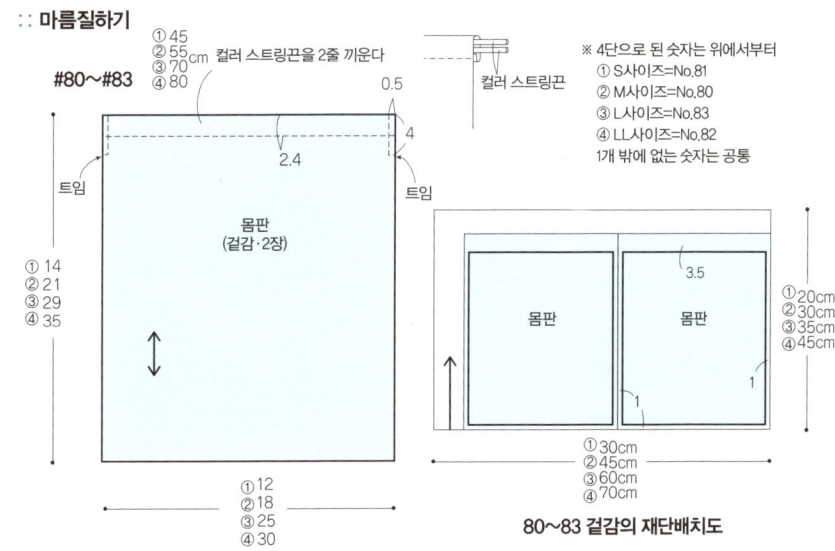

※ 4단으로 된 숫자는 위에서부터
① S사이즈=No.81
② M사이즈=No.80
③ L사이즈=No.83
④ LL사이즈=No.82
1개 밖에 없는 숫자는 공통

80~83 겉감의 재단배치도

:: 만드는 방법

1 몸판을 겉끼리 맞댄 다음,
테두리를 박는다.

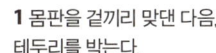

2 트임 부분을 박는다.

3 끈 끼울 부분을 박아준다.

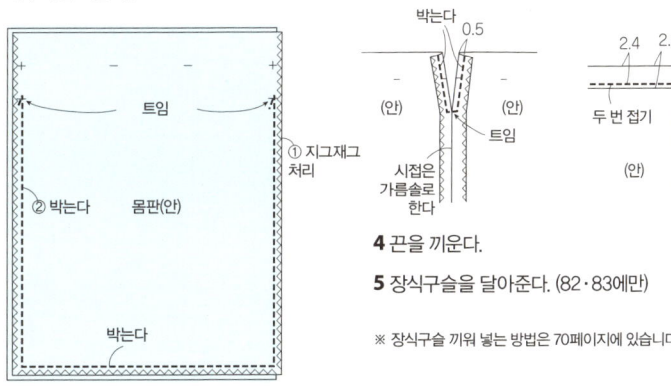

4 끈을 끼운다.

5 장식구슬을 달아준다. (82·83에만)

※ 장식구슬 끼워 넣는 방법은 70페이지에 있습니다.

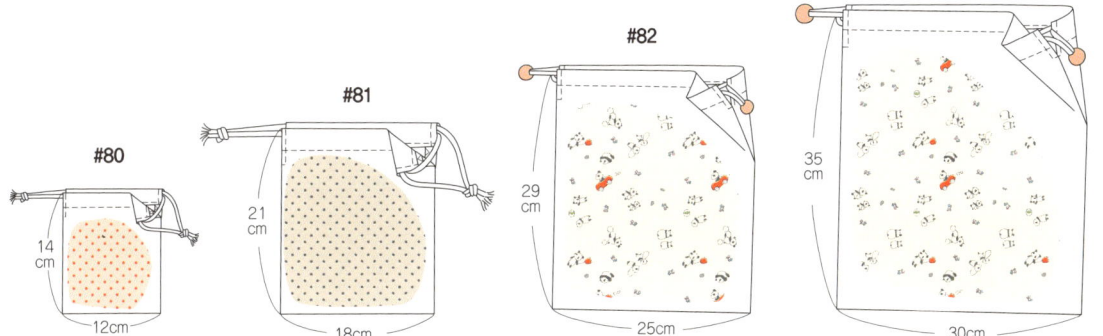

덮개 달린 토트백

퀼팅원단을 사용하면 한 겹으로 만들어도 가방 형태가 잘 잡힌답니다.
입구 쪽에는 덮개를 달아 주었어요. 주머니에 '벌레 먹은 사과' 와펜을 달아
포인트를 주었어요.

제작 _ 세노 다카코

#84

:: **재료 준비하기**

겉감(리버시블 퀼팅) 75×75cm

컬러 레인 가방끈 2.5×82cm

벨크로® 2.5×4cm

자수 와펜 1장

※ 패턴은 들어있지 않습니다. 제도방법을
보고 패턴을 만드세요.

덮개
(겉감·2장)

15 0.5
10
0.2
2.5
1.8
2.5
4
2
벨크로
(안쪽)

:: **마름질하기**

손잡이(컬러 레인 가방끈)
·폭=2.5
·길이=82(2개분)

#84

35
덮개 다는
위치(뒤쪽)
13
손잡이
0.5
2.5
13
3
몸판
12 2.5 벨크로(앞쪽)
4
22
2.5
14 주머니
(겉감·1장)
0.2
66
바닥
(겉감·1장)
2.5
5
바닥
4
바닥선(골선) 4
46

덮개
1 (2장)
3
주머니(1장)
1.2
몸판
3
1
75
cm
75cm 폭

84 겉감의 재단배치도

:: **만드는 방법** ※ 더욱 자세한 방법은 7~8페이지 #01을, 바닥 만드는 방법은 9페이지를 참고하세요.

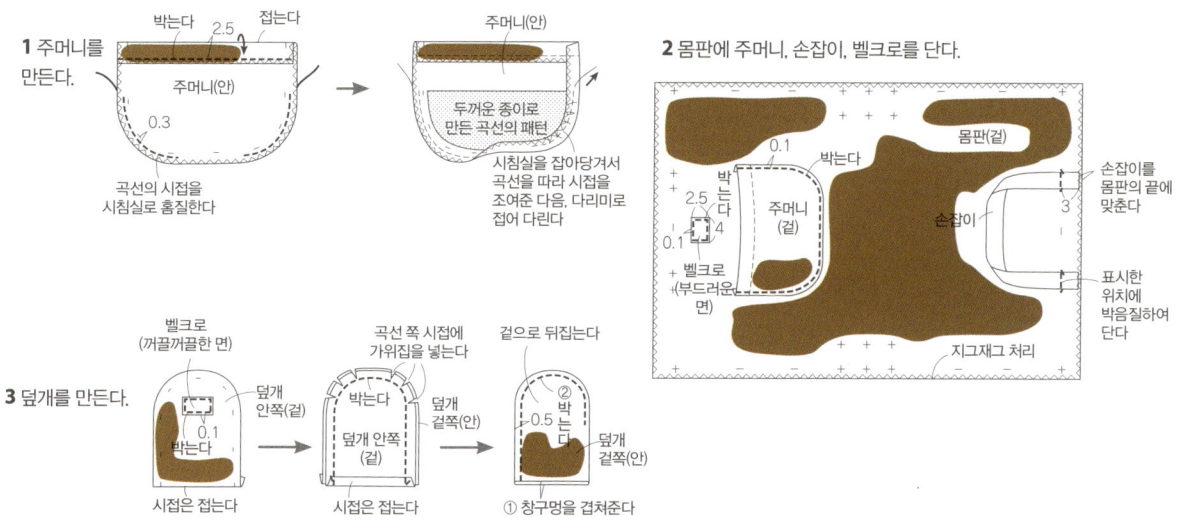

**1 주머니를
만든다.**
박는다 2.5 접는다
주머니(안)
주머니(안)
0.3
곡선의 시접을
시침실로 홈질한다
두꺼운 종이로
만든 곡선의 패턴
시침실을 잡아당겨서
곡선을 따라 시접을
조여준 다음, 다리미로
접어 다린다

2 몸판에 주머니, 손잡이, 벨크로를 단다.
몸판(겉)
0.1
박는다
손잡이를
몸판의 끝에
맞춘다
박는다
2.5
4
주머니
(겉)
손잡이
3
0.1
벨크로
(부드러운
면)
표시한
위치에
박음질하여
단다
지그재그 처리

3 덮개를 만든다.
벨크로
(꺼끌꺼끌한 면)
덮개
안쪽(겉)
0.1
박는다
시접은 접는다
곡선 쪽 시접에
가위집을 넣는다
박는다
덮개 안쪽
(겉)
덮개
겉쪽(안)
시접은 접는다
겉으로 뒤집는다
②
박
는
다
0.5
덮개
겉쪽(안)
① 창구멍을 겹쳐준다

4 옆선을 박고, 바닥을 만든다.

5 덮개를 단다.

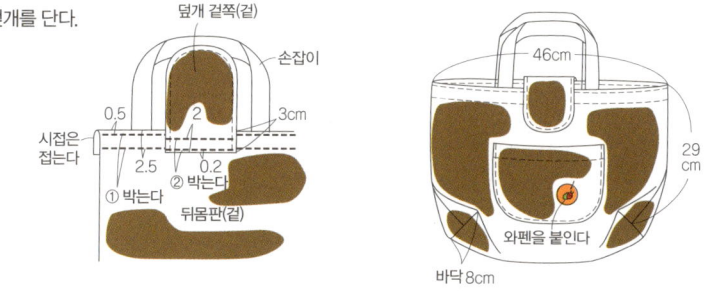

덮개 겉쪽(겉)
손잡이
0.5 2 3cm
시접은
접는다
2.5
0.2
② 박는다
① 박는다
뒤몸판(겉)

46cm
29
cm
와펜을 붙인다
바닥 8cm

119

준비물 가방

교재나 도구 등 갖가지 준비물을 넣기 편리하도록 큼직한 사이즈로 준비물 가방을 만들었습니다. 패치된 부분에 스티치 테이프를 달아서 포인트를 주었어요. 보조 가방보다 훨씬 큼직해서 사용하기에 좋은 가방입니다.

제작 _ 세키 미쓰에

#85

#86

작은 물건을 넣기 편리하도록
가방 안쪽에 주머니를 달아주었어요.

#85·86 여자 아이 & 남자 아이용 준비물 가방

:: **재료 준비하기**

#85·86의 재료(1개분)
A원단(옥스퍼드 프린트)
100×25cm
B원단(모리 크로스 코튼)
100×70cm
접착심 100×50cm
컬러 레인 가방끈 2.5×74cm
스티치 테이프 1.2×96cm

※ 도안은 들어있지 않습니다. 제도
   방법을 보고 도안을 만드세요.

※ 몸판 안감은 패치를 하지 않으므
   로 원단을 자르지 않고 이어서 재
   단합니다.

:: **마름질하기**

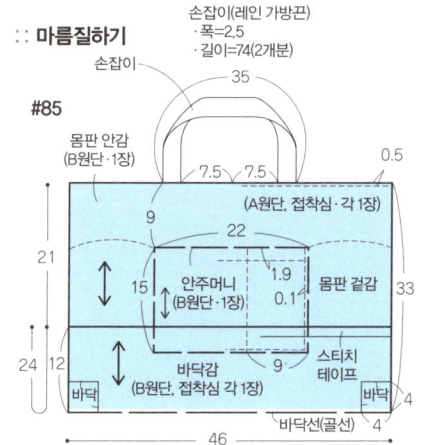

손잡이(레인 가방끈)
·폭=2.5
·길이=74(2개분)

#85

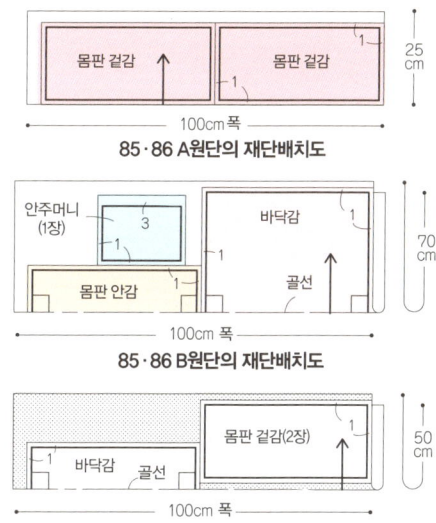

85·86 A원단의 재단배치도

85·86 B원단의 재단배치도

85·86 접착심의 재단배치도

:: **만드는 방법**

#85·86

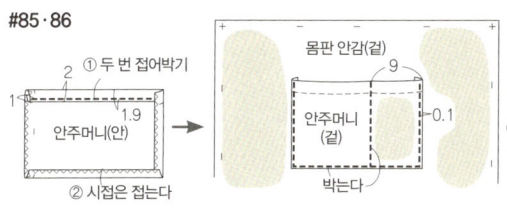

1 안주머니를 만들어 몸판 안감에 단다.

2 몸판 겉감과 바닥감을 박는다.

3 패치 연결 부분에 스티치 테이프를 단다.

4 몸판 겉감에 손잡이를 단다.

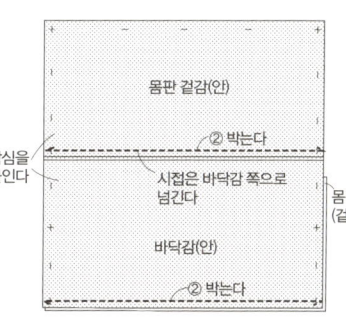

5 몸판의 겉감과 안감을 겉끼리 맞대어 겹쳐준 다음, 입구둘레를 박는다.

6 몸판의 겉감과 안감을 각각 바닥선을 따라 접은 다음, 옆선을 박는다. 몸판 안감에 창구멍을 만든다.

7 바닥을 박는다.
※몸판 안감도 같은 방법으로 박아준다

8 창구멍을 통해 겉으로 뒤집은 다음, 창구멍을 겹쳐서 박음질한다.

9 겉감 속에 안감을 집어넣은 다음, 입구둘레를 박는다.

귀여운 네임택

컵케이크, 토끼, 비행기, 강아지 모양의 귀여운 네임택 뒷면에 아이의 이름을 새겨넣은 이름 라벨을 만들어서 가방에 달아주세요. 끈을 달아주었기 때문에 가방 손잡이에 걸고 빼는 것이 쉽답니다.

제작 _ RIGAERI studio-hana

#90

#88

#89

#87

:: 재료 준비하기

#87의 재료
펠트(노란색) 20×10cm
펠트(연갈색) 10×5cm
펠트(빨간색) 3×3cm
코튼 테이프 1×30cm
이름 라벨 1장
25번 자수실(노란색·연갈색·빨간색·
파란색) 약간
패브릭 본드

#88의 재료
펠트(분홍색) 20×15cm
코튼 테이프 1×30cm
이름 라벨 1장
25번 자수실(분홍색·밤색·빨간색)
각 약간
패브릭 본드

#89의 재료
펠트(흰색) 15×15cm
스트링 면끈 0.5×30cm
이름 라벨 1장
25번 자수실(흰색·검은색·파란색)
약간
패브릭 본드

#90의 재료
펠트(연갈색) 15×10cm
펠트(갈색) 5×5cm
스트링 면끈 0.5×30cm
이름 라벨 1장
25번 자수실(연갈색·밤색) 약간
패브릭 본드

:: 만드는 방법

#87

러닝스티치
(빨간색·2가닥)

ごばやし めい

뒤(겉)

No.88~90은 머신으로
박음질해준다

1 뒷면의 겉쪽에 이름
라벨을 단다.

2 코튼 테이프를 반으로 접어서
뒷면의 겉쪽에 꿰매 단다.

30cm의
코튼 테이프를
반으로 접는다

1cm

꿰매 달아준다

뒤(안)

본드로 붙인다

수를 놓는다

앞면 아래

앞면 위

3 앞면에 수를 놓고
펠트를 붙여 장식한다.

수를 놓는다

4 뒷면과 앞면의 아랫부분을
겹쳐서 본드로 붙인다. 테두
리를 감침질로 연결한다.

본드를 바른다

뒷면

앞면 아래

감침질

5 앞면 윗부분을 겹쳐서
본드로 붙인다. 테두리를
감침질로 연결한다.

감침질

앞면 위

:: 감침질

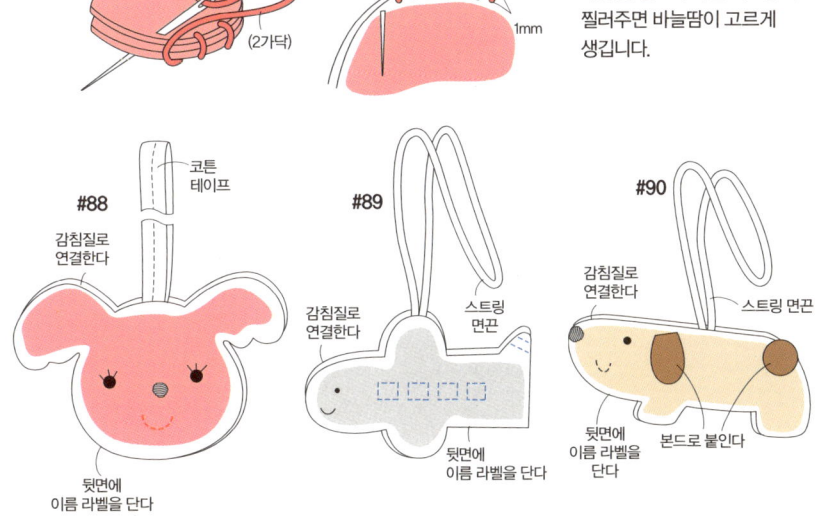

2~3mm 간격

1mm

(2가닥)

바늘은 펠트에 약간 비스듬히
찔러주면 바늘땀이 고르게
생깁니다.

#88

코튼
테이프

감침질로
연결한다

뒷면에
이름 라벨을 단다

#89

감침질로
연결한다

스트링
면끈

뒷면에
이름 라벨을 단다

#90

감침질로
연결한다

스트링 면끈

뒷면에
이름 라벨을
단다

본드로 붙인다

:: **실물크기 패턴**

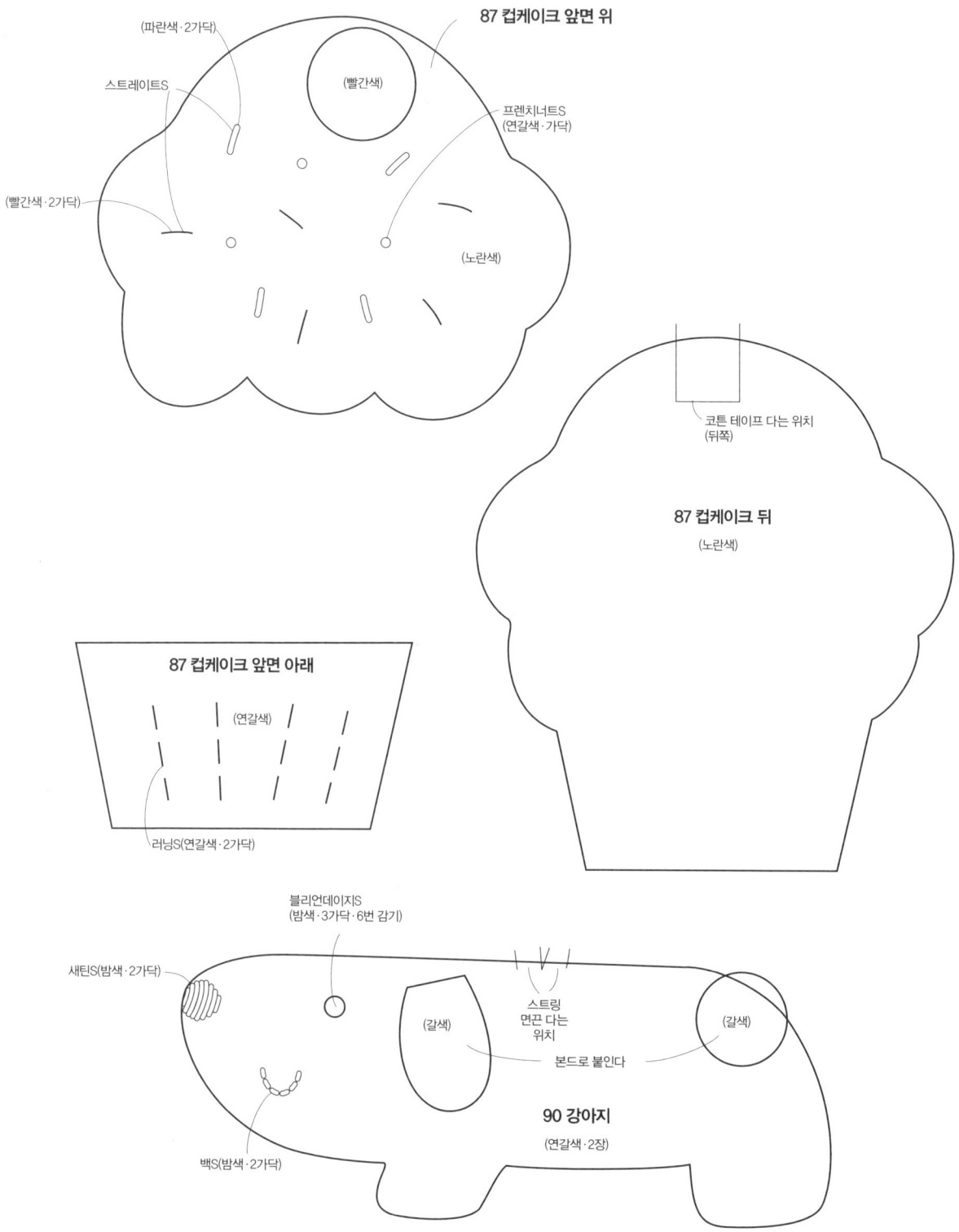

87 컵케이크 앞면 위

(파란색·2가닥)

스트레이트S

(빨간색)

프렌치너트S
(연갈색·가닥)

(빨간색·2가닥)

(노란색)

코튼 테이프 다는 위치
(뒤쪽)

87 컵케이크 뒤

(노란색)

87 컵케이크 앞면 아래

(연갈색)

러닝S(연갈색·2가닥)

블리언데이지S
(밤색·3가닥·6번 감기)

새틴S(밤색·2가닥)

스트링
면끈 다는
위치

(갈색)

(갈색)

본드로 붙인다

90 강아지

(연갈색·2장)

백S(밤색·2가닥)

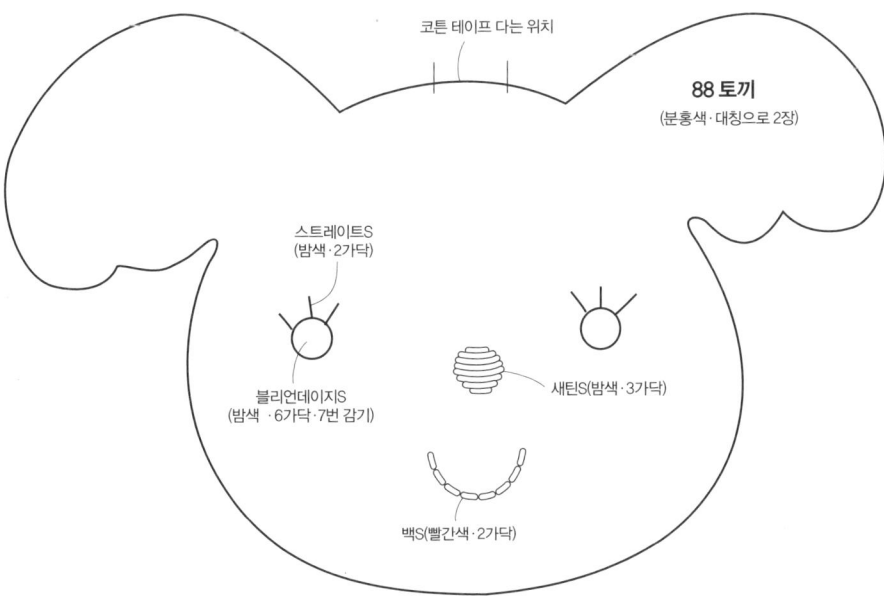

코튼 테이프 다는 위치

88 토끼
(분홍색·대칭으로 2장)

스트레이트S
(밤색·2가닥)

블리언데이지S
(밤색 ·6가닥·7번 감기)

새틴S(밤색·3가닥)

백S(빨간색·2가닥)

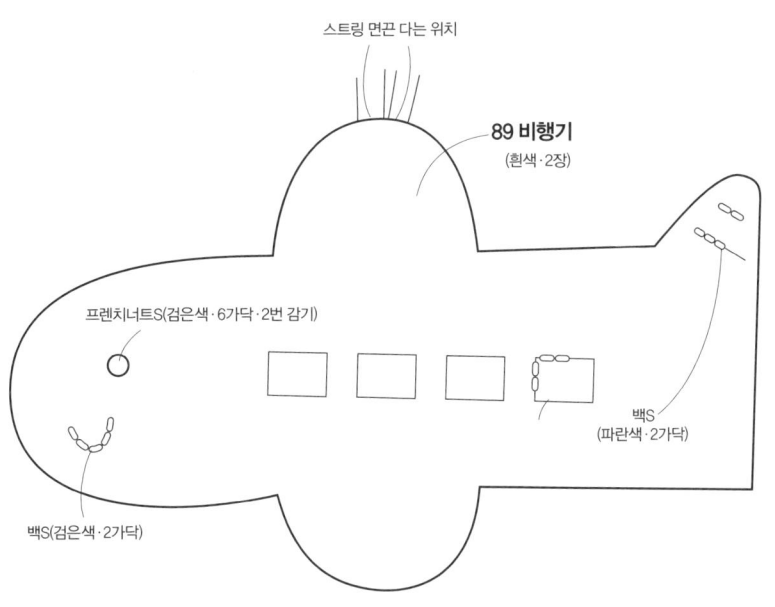

스트링 면끈 다는 위치

89 비행기
(흰색·2장)

프렌치너트S(검은색·6가닥·2번 감기)

백S
(파란색·2가닥)

백S(검은색·2가닥)

치수 재는 방법과 아동복 참고 사이즈표

참고 사이즈표에 나와 있는 사이즈와 아이의 신장과 사이즈를 비교해가면서 만들 사이즈를 정합니다.
일러스트를 참고하여 아이의 사이즈를 재 보세요.

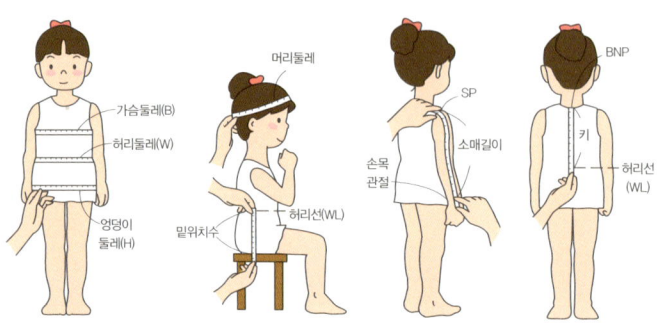

:: 아동복 참고 사이즈표 (단위는 cm)

부위 \ 연령	2세	3세	4세	5세	6세	7세	8세
가슴둘레	52	53	54	56	58	60	62
허리둘레	49	50	51	52	53	54	55
엉덩이둘레	52	55	57	59	61	63	66
등길이	21	23	25	26	27	28	29
소매길이	27	30	32	34	37	39	41
머리둘레	50	52	53	53	54	55	55
신장	90	95	102	108	114	120	126

자연스러운 자세로 서게 한 다음, 줄자를 사용하여 가슴둘레, 허리둘레, 엉덩이둘레, 신장 등을 정확하게 재 주세요.

실물크기 도안 사용법

1. 만들고 싶은 작품 정하기

※ 만드는 방법의 페이지를 펼치면 재료를 소개한 부분에 패턴과 도안이 어느 면에 게 재되어 있는지도 적혀 있습니다.

※ 실물크기의 패턴을 '자르는 선'을 따라 자른 다음, 넓은 장소에서 펼칩니다.

※ 작품의 패턴 번호가 어떤 선으로 표기되어 있는지, 모두 몇 개의 패턴으로 나뉘어 있는지를 확인합니다.

※ 선이 겹쳐져 있기 때문에, 사용할 패턴의 선을 형광펜 등으로 칠해두면 헷갈리지 않고 옮길 수 있습니다.

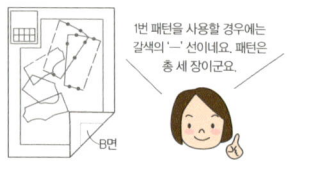

1번 패턴을 사용할 경우에는 갈색의 '—' 선이네요. 패턴은 총 세 장이군요.

2. 다른 종이에 패턴 옮기기

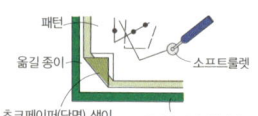

패턴
옮길 종이
소프트룰렛

초크페이퍼(단면) 색이 있는 면을 옮길 종이쪽으로 향하게 해둔다

두꺼운 종이_책상이 긁히지 않도록 제일 밑에 깔아둔다

비치지 않는 종이에 옮길 경우
옮길 종이 위에 패턴을 올려놓습니다. 초크페이퍼를 사이에 끼운 다음, 소프트룰렛으로 패턴의 선을 옮겨 그립니다.

비치는 종이에 옮길 경우
패턴 위에 비치는 종이(부직포 패턴지 등)를 올려놓은 다음, 연필로 옮깁니다.

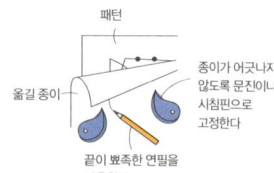

패턴
옮길 종이
종이가 어긋나지 않도록 문진이나 시침핀으로 고정한다
끝이 뾰족한 연필을 사용한다

3. 패턴에 시접 주고 잘라내기

※ 패턴에는 시접이 포함되어 있지 않으니, 재단배치도를 보면서 직접 시접선을 그리세요. 시접은 완성선과 평행하게 그립니다.

※ 밑단선과 소맷부리는 여백을 주고 시접을 접은 상태에서 자릅니다.

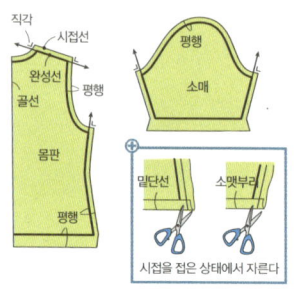

직각
시접선
완성선
골선
평행
평행
몸판
평행
소매
밑단선
소맷부리
시접을 접은 상태에서 자른다

패턴 옮길 때 주의할 점

※ 패턴과 옮길 종이가 어긋나지 않도록 '문진'이나 '시침핀'으로 고정합니다.

※ '맞춤점', '식서방향' 등 패턴에 적혀 있는 글씨와 표시들도 빠짐없이 옮깁니다. 어떤 패턴인지 알 수 있도록 패턴의 명칭도 함께 적어두세요.